PREFACIO

La colección de guías de conversación para viajar "Todo irá bien" publicada por T&P Books está diseñada para personas que viajan al extranjero para turismo y negocios. Las guías contienen lo más importante - los elementos esenciales para una comunicación básica.Éste es un conjunto de frases imprescindibles para "sobrevivir" mientras está en el extranjero.

Esta guía de conversación le ayudará en la mayoría de los casos donde usted necesite pedir algo, conseguir direcciones, saber cuánto cuesta algo, etc. Puede también resolver situaciones difíciles de la comunicación donde los gestos no pueden ayudar.

Este libro contiene muchas frases que han sido agrupadas según los temas más relevantes. Una sección separada del libro también ofrece un pequeño diccionario con más de 1.500 palabras importantes y útiles.

Llévese la guía de conversación "Todo irá bien" en el camino y tendrá una insustituible compañera de viaje que le ayudará a salir de cualquier situación y le enseñará a no temer hablar con extranjeros.

TABLA DE CONTENIDOS

T&P Books Publishing

Colección de guías de conversación
"¡Todo irá bien!"

T&P Books Publishing

GUÍA DE CONVERSACIÓN
— HOLANDÉS —

LAS PALABRAS Y LAS FRASES MÁS ÚTILES

Esta Guía de Conversación contiene las frases y las preguntas más comunes necesitadas para una comunicación básica con extranjeros

Andrey Taranov

T&P BOOKS

Guía de conversación + diccionario de 1500 palabras

Guía de conversación Español-Holandés y diccionario conciso de 1500 palabras

por Andrey Taranov

La colección de guías de conversación para viajar "Todo irá bien" publicada por T&P Books está diseñada para personas que viajan al extranjero para turismo y negocios. Las guías contienen lo más importante - los elementos esenciales para una comunicación básica. Éste es un conjunto de frases imprescindibles para "sobrevivir" mientras está en el extranjero.

Una otra sección del libro también ofrece un pequeño diccionario con más de 1.500 palabras útiles. El diccionario incluye muchos términos gastronómicos y será de gran ayuda para pedir los alimentos en un restaurante o comprando comestibles en la tienda.

T&P Books Publishing
www.tpbooks.com

ISBN: 978-1-78492-650-2

Este libro está disponible en formato electrónico o de E-Book también.
Visite www.tpbooks.com o las librerías electrónicas más destacadas en la Red.

PRONUNCIACIÓN

T&P alfabeto fonético	Ejemplo holandés	Ejemplo español
[a]	plasje	radio
[ā]	kraag	contraataque
[o], [ɔ]	zondag	bolsa
[o]	geografie	bordado
[ō]	oorlog	domicilio
[e]	nemen	verano
[ē]	wreed	sexto
[ɛ]	ketterij	mes
[ɛ:]	crème	cuarenta
[ə]	tachtig	llave
[i]	alpinist	ilegal
[ī]	referee	destino
[ɣ]	stadhuis	pluma
[œ]	druif	alemán - Hölle
[ø]	treurig	alemán - Hölle
[u]	schroef	mundo
[ʉ]	zuchten	ciudad
[ū]	minuut	nocturna
[b]	oktober	en barco
[d]	diepte	desierto
[f]	fierheid	golf
[g]	golfclub	jugada
[h]	horizon	registro
[j]	jaar	asiento
[k]	klooster	charco
[l]	politiek	lira
[m]	melodie	nombre
[n]	netwerk	sonar
[p]	peper	precio
[r]	rechter	era, alfombra
[s]	smaak	salva
[t]	telefoon	torre
[v]	vijftien	travieso
[w]	waaier	acuerdo

T&P alfabeto fonético	Ejemplo holandés	Ejemplo español
[z]	zacht	desde
[dʒ]	manager	jazz
[ʃ]	architect	shopping
[ŋ]	behang	manga
[ʧ]	beertje	mapache
[ʒ]	bougie	adyacente
[x]	acht, gaan	reloj, ojo

LISTA DE ABREVIATURAS

Abreviatura en español

adj	-	adjetivo
adv	-	adverbio
anim.	-	animado
conj	-	conjunción
etc.	-	etcétera
f	-	sustantivo femenino
f pl	-	femenino plural
fam.	-	uso familiar
fem.	-	femenino
form.	-	uso formal
inanim.	-	inanimado
innum.	-	innumerable
m	-	sustantivo masculino
m pl	-	masculino plural
m, f	-	masculino, femenino
masc.	-	masculino
mat	-	matemáticas
mil.	-	militar
num.	-	numerable
p.ej.	-	por ejemplo
pl	-	plural
pron	-	pronombre
sg	-	singular
v aux	-	verbo auxiliar
vi	-	verbo intransitivo
vi, vt	-	verbo intransitivo, verbo transitivo
vr	-	verbo reflexivo
vt	-	verbo transitivo

Abreviatura en holandés

mv.	-	plural

Artículos en holandés

de	-	género neutro
de/het	-	neutro, género neutro
het	-	neutro

T&P BOOKS

GUÍA DE CONVERSACIÓN HOLANDÉS

Esta sección contiene frases importantes que pueden resultar útiles en varias situaciones de la vida real. La Guía le ayudará a pedir direcciones, aclaración sobre precio, comprar billetes, y pedir alimentos en un restaurante

T&P Books Publishing

CONTENIDO DE LA GUÍA DE CONVERSACIÓN

T&P Books Publishing

Lo más imprescindible

Perdone, …	**Pardon, …** [par'dɔn, …]
Hola.	**Hallo.** [halɔ]
Gracias.	**Bedankt.** [bə'dankt]

Sí.	**Ja.** [ja]
No.	**Nee.** [nē]
No lo sé.	**Ik weet het niet.** [ik wēt ət nit]
¿Dónde? | ¿A dónde? | ¿Cuándo?	**Waar? | Waarheen? | Wanneer?** [wār? | wār'hēn? | wa'nēr?]

Necesito …	**Ik heb … nodig** [ik hɛp … 'nɔdəx]
Quiero …	**Ik wil …** [ik wil …]
¿Tiene …?	**Hebt u …?** [hɛpt ju …?]
¿Hay … por aquí?	**Is hier een …?** [is hir en …?]
¿Puedo …?	**Mag ik …?** [max ik …?]
…, por favor? (petición educada)	**… alstublieft** [… alstʉ'blift]

Busco …	**Ik zoek …** [ik zuk …]
el servicio	**toilet** [twa'lɛt]
un cajero automático	**geldautomaat** [xɛlt·autɔ'māt]
una farmacia	**apotheek** [apɔ'tēk]
el hospital	**ziekenhuis** [zikənhœys]

la comisaría	**politiebureau** [pɔ\'litsi bʉ\'rɔ]
el metro	**metro** ['metrɔ]

un taxi	**taxi** [taksi]
la estación de tren	**station** [sta'tsjɔn]

Me llamo ...	**Ik heet ...** [ik hēt ...]
¿Cómo se llama?	**Hoe heet u?** [hu hēt ju?]
¿Puede ayudarme, por favor?	**Kunt u me helpen alstublieft?** [kʉnt ju mə 'hɛlpən alstʉ'blift?]
Tengo un problema.	**Ik heb een probleem.** [ik hɛp en prɔ'blēm]
Me encuentro mal.	**Ik voel me niet goed.** [ik vul mə nit xut]
¡Llame a una ambulancia!	**Bel een ambulance!** [bɛl en ambʉ'lansə!]
¿Puedo llamar, por favor?	**Mag ik opbellen?** [max ik ɔ'bɛlən?]

Lo siento.	**Sorry.** ['sɔri]
De nada.	**Graag gedaan.** [xrãx xə'dãn]

Yo	**Ik, mij** [ik, mɛj]
tú	**jij** [jɛj]
él	**hij** [hɛj]
ella	**zij** [zɛj]
ellos	**zij** [zɛj]
ellas	**zij** [zɛj]
nosotros /nosotras/	**wij** [wɛj]
ustedes, vosotros	**jullie** ['juli]
usted	**u** [ju]

ENTRADA	**INGANG** [inxaŋ]
SALIDA	**UITGANG** [œytxaŋ]
FUERA DE SERVICIO	**BUITEN GEBRUIK** [bœytən xə'brœyk]
CERRADO	**GESLOTEN** [xə'slɔtən]

ABIERTO	**OPEN**
	['ɔpən]
PARA SEÑORAS	**DAMES**
	[daməs]
PARA CABALLEROS	**HEREN**
	['herən]

Preguntas

¿Dónde?	**Waar?** [wãr?]
¿A dónde?	**Waarheen?** [wãr'hēn?]
¿De dónde?	**Vanwaar?** [van'wãr?]
¿Por qué?	**Waar?** [wãr?]
¿Con que razón?	**Waarom?** [wã'rɔm?]
¿Cuándo?	**Wanneer?** [wa'nēr?]

¿Cuánto tiempo?	**Hoe lang?** [hu laŋ?]
¿A qué hora?	**Hoe laat?** [hu lãt?]
¿Cuánto?	**Hoeveel?** [huvēl?]
¿Tiene ...?	**Hebt u ...?** [hɛpt ju ...?]
¿Dónde está ...?	**Waar is ...?** [wãr is ...?]

¿Qué hora es?	**Hoe laat is het?** [hu lãt is ət?]
¿Puedo llamar, por favor?	**Mag ik opbellen?** [max ik ɔ'bɛlən?]
¿Quién es?	**Wie is daar?** [wi is dãr?]
¿Se puede fumar aquí?	**Mag ik hier roken?** [max ik hir 'rɔkən?]
¿Puedo ...?	**Mag ik ...?** [max ik ...?]

Necesidades

Quisiera ...	**Ik zou graag ...** [ik 'zau xrāx ...]
No quiero ...	**Ik wil niet ...** [ik wil nit ...]
Tengo sed.	**Ik heb dorst.** [ik hɛp dɔrst]
Tengo sueño.	**Ik wil gaan slapen.** [ik wil xān 'slapən]
Quiero ...	**Ik wil ...** [ik wil ...]
lavarme	**wassen** [wasən]
cepillarme los dientes	**mijn tanden poetsen** [mɛjn 'tandən 'putsən]
descansar un momento	**even rusten** [evən 'rʉstən]
cambiarme de ropa	**me omkleden** [mə 'ɔmkledən]
volver al hotel	**teruggaan naar het hotel** [te'rʉxxān nār hɛt hɔ'tɛl]
comprar ...	**... kopen** [... 'kɔpən]
ir a ...	**gaan naar ...** [xān nār ...]
visitar ...	**bezoeken ...** [bə'zukən ...]
quedar con ...	**ontmoeten ...** [ɔnt'mutən ...]
hacer una llamada	**opbellen** [ɔ'bɛlən]
Estoy cansado /cansada/.	**Ik ben moe.** [ik bɛn mu]
Estamos cansados /cansadas/.	**We zijn moe.** [we zɛjn mu]
Tengo frío.	**Ik heb het koud.** [ik hɛp ət 'kaut]
Tengo calor.	**Ik heb het warm.** [ik hɛp ət warm]
Estoy bien.	**Ik ben okay.** [ik bɛn ɔ'kɛj]

Tengo que hacer una llamada.	**Ik moet opbellen.** [ik mut ɔ'bɛlən]
Necesito ir al servicio.	**Ik moet naar het toilet.** [ik mut nār ət twa'lɛt]
Me tengo que ir.	**Ik moet weg.** [ik mut wɛx]
Me tengo que ir ahora.	**Ik moet nu weg.** [ik mut nʉ wɛx]

Preguntar por direcciones

Perdone, ...	**Pardon, ...** [par'dɔn, ...]
¿Dónde está ...?	**Waar is ...?** [wãr is ...?]
¿Por dónde está ...?	**Welke richting is ...?** ['wɛlkə 'rixtiŋ is ...?]
¿Puede ayudarme, por favor?	**Kunt u me helpen alstublieft?** [kʉnt ju mə 'hɛlpən alstʉ'blift?]

Busco ...	**Ik zoek ...** [ik zuk ...]
Busco la salida.	**Waar is de uitgang?** [wãr is də 'œʏtxaŋ?]
Voy a ...	**Ik ga naar ...** [ik xa nãr ...]
¿Voy bien por aquí para ...?	**Is dit de weg naar ...?** [is dit də wɛx nãr ...?]

¿Está lejos?	**Is het ver?** [iz ət vɛr?]
¿Puedo llegar a pie?	**Kan ik er lopend naar toe?** [kan ik ɛr 'lɔpənt nãr tu?]
¿Puede mostrarme en el mapa?	**Kunt u het op de plattegrond aanwijzen?** [kʉnt ju ət ɔp də platə'xrɔnt 'ãnwɛjzən?]
Por favor muestreme dónde estamos.	**Kunt u me aanwijzen waar we nu zijn?** [kʉnt ju mə 'ãnwɛjzən wãr wə nʉ zɛjn]

Aquí	**Hier** [hir]
Allí	**Daar** [dãr]
Por aquí	**Deze kant uit** [dezə kant 'œʏt]

Gire a la derecha.	**Rechtsaf.** [rɛxts'af]
Gire a la izquierda.	**Linksaf.** [linksaf]
la primera (segunda, tercera) calle	**eerste (tweede, derde) bocht** [ẽrstə ('twẽdə, 'dɛrdə) bɔxt]
a la derecha	**rechtsaf** [rɛxts'af]

a la izquierda **linksaf**
[linksaf]

Siga recto. **Ga rechtuit.**
[xa 'rɛxtœɣt]

Carteles

¡BIENVENIDO!	**WELKOM!** ['wɛlkɔm!]
ENTRADA	**INGANG** [inxaŋ]
SALIDA	**UITGANG** [œʏtxaŋ]

EMPUJAR	**DRUK** [drʉk]
TIRAR	**TREK** [trɛk]
ABIERTO	**OPEN** ['ɔpən]
CERRADO	**GESLOTEN** [xə'slɔtən]

PARA SEÑORAS	**DAMES** [daməs]
PARA CABALLEROS	**HEREN** ['herən]
CABALLEROS	**HEREN** ['herən]
SEÑORAS	**DAMES** [daməs]

REBAJAS	**KORTINGEN** ['kɔrtiŋən]
VENTA	**UITVERKOOP** [œʏt'vɛrkōp]
GRATIS	**GRATIS** [xratis]
¡NUEVO!	**NIEUW!** [niu!]
ATENCIÓN	**PAS OP!** [pas ɔp!]

COMPLETO	**ALLE KAMERS BEZET** [ale 'kamərs bə'zɛt]
RESERVADO	**GERESERVEERD** [xərezɛr'vērt]
ADMINISTRACIÓN	**ADMINISTRATIE** [administ'ratsi]
SÓLO PERSONAL AUTORIZADO	**UITSLUITEND PERSONEEL** [œʏtslœʏtənt pɛrsɔ'nēl]

CUIDADO CON EL PERRO	**PAS OP VOOR DE HOND!** [pas ɔp vɔ̃r də hɔnt!]
NO FUMAR	**VERBODEN TE ROKEN!** [vər'bɔdən tə 'rɔkən!]
NO TOCAR	**NIET AANRAKEN!** [nit 'ānrakən!]

PELIGROSO	**GEVAARLIJK** [xe'vārlək]
PELIGRO	**GEVAAR** [xe'vār]
ALTA TENSIÓN	**HOOGSPANNING** [hõxs'paniŋ]
PROHIBIDO BAÑARSE	**VERBODEN TE ZWEMMEN** [vər'bɔdən tə 'zwemən]

FUERA DE SERVICIO	**BUITEN GEBRUIK** [bœytən xə'brœyk]
INFLAMABLE	**ONTVLAMBAAR** [ɔnt'flambār]
PROHIBIDO	**VERBODEN** [vər'bɔdən]
PROHIBIDO EL PASO	**VERBODEN TOEGANG** [vər'bɔdən 'tuxaŋ]
RECIÉN PINTADO	**NATTE VERF** [natə vɛrf]

CERRADO POR RENOVACIÓN	**GESLOTEN WEGENS VERBOUWING** [xə'slɔtən 'wexəns vər'bauwiŋ]
EN OBRAS	**WERK IN UITVOERING** [wɛrk in œyt'vuriŋ]
DESVÍO	**OMWEG** ['ɔmwɛx]

Transporte. Frases generales

el avión	**vliegtuig** [vlixtœyx]
el tren	**trein** [trɛjn]
el bus	**bus** [bʉs]
el ferry	**veerpont** [vērpɔnt]
el taxi	**taxi** [taksi]
el coche	**auto** [autɔ]
el horario	**dienstregeling** [dinst·'rexəliŋ]
¿Dónde puedo ver el horario?	**Waar is de dienstregeling?** [wār is də dinst·'rexəliŋ?]
días laborables	**werkdagen** [wɛrk'daxən]
fines de semana	**weekends** [wīkɛnts]
días festivos	**vakanties** [va'kantsis]
SALIDA	**VERTREK** [vər'trɛk]
LLEGADA	**AANKOMST** [ānkɔmst]
RETRASADO	**VERTRAAGD** [vərt'rāxt]
CANCELADO	**GEANNULEERD** [xəanʉ'lērt]
siguiente (tren, etc.)	**volgende** ['vɔlxəndə]
primero	**eerste** [ērstə]
último	**laatste** [lātstə]
¿Cuándo pasa el siguiente …?	**Hoe laat gaat de volgende …?** [hu lāt xāt də 'vɔlxəndə …?]
¿Cuándo pasa el primer …?	**Hoe laat gaat de eerste …?** [hu lāt xāt də 'ērstə …?]

¿Cuándo pasa el último …?

Hoe laat gaat de laatste …?
[hu lāt xāt də 'lātstə …?]

el trasbordo (cambio de trenes, etc.)

aansluiting
[ānslœʏtiŋ]

hacer un trasbordo

overstappen
[ɔvər'stapən]

¿Tengo que hacer un trasbordo?

Moet ik overstappen?
[mut ik ɔvər'stapən?]

Comprar billetes

¿Dónde puedo comprar un billete?

Waar kan ik kaartjes kopen?
[wãr kan ik 'kãrtjəs 'kɔpən?]

el billete

kaartje
[kãrtjə]

comprar un billete

een kaartje kopen
[en 'kãrtjə 'kɔpən]

precio del billete

prijs van een kaartje
[prɛjs van en 'kãrtjə]

¿Para dónde?

Waarheen?
[wãr'hēn?]

¿A qué estación?

Naar welk station?
[nãr wɛlk sta'tsjɔn?]

Necesito ...

Ik heb ... nodig
[ik hɛp ... 'nɔdəx]

un billete

een kaartje
[en 'kãrtjə]

dos billetes

twee kaartjes
[twē 'kãrtjəs]

tres billetes

drie kaartjes
[dri 'kãrtjəs]

---

sólo ida

enkel
['ɛnkəl]

ida y vuelta

retour
[re'tu:r]

en primera (primera clase)

eerste klas
[ērstə klas]

en segunda (segunda clase)

tweede klas
[twēdə klas]

---

hoy

vandaag
[van'dãx]

mañana

morgen
['mɔrxən]

pasado mañana

overmorgen
[ɔvər'mɔrxən]

por la mañana

s morgens
[s 'mɔrxəns]

por la tarde

s middags
[s 'midaxs]

por la noche

s avonds
[s 'avɔnts]

asiento de pasillo	**zitplaats aan het gangpad** [zitplāts ān ǝt 'xaŋpat]
asiento de ventanilla	**zitplaats bij het raam** [zitplāts bɛj ǝt rām]
¿Cuánto cuesta?	**Hoeveel?** [huvēl?]
¿Puedo pagar con tarjeta?	**Kan ik met een creditcard betalen?** [kan ik mɛt en 'kredit·kart bǝ'talǝn?]

Autobús

el autobús	**bus** [bʉs]
el autobús interurbano	**intercity bus** [inter'siti bʉs]
la parada de autobús	**bushalte** [bʉs'haltə]
¿Dónde está la parada de autobuses más cercana?	**Waar is de meest nabij** **gelegen bushalte?** [wār is də mēst na'bɛj xə'lexən bʉs'haltə?]

número	**nummer** [nʉmər]
¿Qué autobús tengo que tomar para ...?	**Met welke bus kan ik naar ... gaan?** [mɛt 'wɛlkə bʉs kan ik nār ... xān?]
¿Este autobús va a ...?	**Gaat deze bus naar ...?** [xāt 'dezə bʉs nār ...?]
¿Cada cuanto pasa el autobús?	**Hoe dikwijls rijden de bussen?** [hu 'dikwəls 'rɛjdən də 'bʉsən?]

cada 15 minutos	**om het kwartier** [ɔm ət kwar'tir]
cada media hora	**om het half uur** [ɔm ət half ūr]
cada hora	**om het uur** [ɔm ət ūr]
varias veces al día	**verschillende keren per dag** [vər'sxiləndə 'kerən pər dax]
... veces al día	**... keer per dag** [... kēr pər dax]

el horario	**dienstregeling** [dinst·'rexəliŋ]
¿Dónde puedo ver el horario?	**Waar is de dienstregeling?** [wār is də dinst·'rexəliŋ?]
¿Cuándo pasa el siguiente autobús?	**Hoe laat vertrekt de volgende bus?** [hu lāt vər'trɛkt də 'vɔlxəndə bʉs?]
¿Cuándo pasa el primer autobús?	**Hoe laat vertrekt de eerste bus?** [hu lāt vər'trɛkt də 'ērstə bʉs?]
¿Cuándo pasa el último autobús?	**Hoe laat vertrekt de laatste bus?** [hu lāt vər'trɛkt də 'lātstə bʉs?]
la parada	**halte** [haltə]

la siguiente parada

volgende halte
[vɔlxəndə 'haltə]

la última parada

eindstation
[ɛjnt sta'tsjɔn]

Pare aquí, por favor.

Hier stoppen alstublieft.
[hir 'stɔpən alstʉ'blift]

Perdone, esta es mi parada.

Pardon, dit is mijn halte.
[par'dɔn, dit is mɛjn 'haltə]

Tren

el tren	**trein** [trɛjn]
el tren de cercanías	**pendeltrein** ['pendəl trɛjn]
el tren de larga distancia	**langeafstandstrein** [laŋe·'afstants·trɛjn]
la estación de tren	**station** [sta'tsjɔn]
Perdone, ¿dónde está la salida al anden?	**Pardon, waar is de toegang tot het perron?** [par'dɔn, wār is də 'tuxaŋ tɔt ət pɛ'rɔn?]

¿Este tren va a ...?	**Gaat deze trein naar ...?** [xāt 'dezə trɛjn nār ...?]
el siguiente tren	**volgende trein** ['vɔlxəndə trɛjn]
¿Cuándo pasa el siguiente tren?	**Hoe laat gaat de volgende trein?** [hu lāt xāt də 'vɔlxəndə trɛjn?]
¿Dónde puedo ver el horario?	**Waar is de dienstregeling?** [wār is də dinst·'rexəliŋ?]
¿De qué andén?	**Van welk perron?** [van wɛlk pɛ'rɔn?]
¿Cuándo llega el tren a ...?	**Wanneer komt de trein aan in ...?** [wa'nēr kɔmt də trɛjn ān in ...?]

Ayudeme, por favor.	**Kunt u me helpen alstublieft?** [kʉnt ju mə 'hɛlpən alstʉ'blift?]
Busco mi asiento.	**Ik zoek mijn zitplaats.** [ik zuk mɛjn 'zitplāts]
Buscamos nuestros asientos.	**Wij zoeken onze zitplaatsen.** [wɛj 'zukən 'ɔnzə 'zitplātsen]
Mi asiento está ocupado.	**Mijn zitplaats is bezet.** [mɛjn 'zitplāts is bə'zɛt]
Nuestros asientos están ocupados.	**Onze zitplaatsen zijn bezet.** [ɔnzə 'zitplātsen zɛjn bə'zɛt]

Perdone, pero ese es mi asiento.	**Sorry, maar dit is mijn zitplaats.** [sɔri, mār dit is mɛjn 'zitplāts]
¿Está libre?	**Is deze zitplaats bezet?** [is 'dezə 'zitplāts bə'zɛt?]
¿Puedo sentarme aquí?	**Mag ik hier zitten?** [max ik hir 'zitən?]

En el tren. Diálogo (Sin billete)

Su billete, por favor.	**Uw kaartje alstublieft.** [uw 'kārtjə alstu'blift]
No tengo billete.	**Ik heb geen kaartje.** [ik hɛp xēn 'kārtjə]
He perdido mi billete.	**Ik heb mijn kaartje verloren.** [ik hɛp mɛjn 'kārtjə vər'lɔrən]
He olvidado mi billete en casa.	**Ik heb mijn kaartje thuis vergeten.** [ik hɛp mɛjn 'kārtjə thœys vər'xetən]

Le puedo vender un billete.	**U kunt een kaartje van mij kopen.** [ju kunt en 'kārtjə van mɛj 'kɔpən]
También deberá pagar una multa.	**U moet ook een boete betalen.** [ju mut ōk en 'butə bə'talən]
Vale.	**Okay.** [ɔ'kɛj]
¿A dónde va usted?	**Waar gaat u naartoe?** [wār xāt ju nārtu?]
Voy a ...	**Ik ga naar ...** [ik xa nār ...]

¿Cuánto es? No lo entiendo.	**Hoeveel kost het? Ik versta het niet.** [huvēl kɔst ət? ik vərs'ta ət nit]
Escríbalo, por favor.	**Schrijf het neer alstublieft.** [sxrɛjf ət nēr alstu'blift]
Vale. ¿Puedo pagar con tarjeta?	**Okay. Kan ik met een creditcard betalen?** [ɔ'kɛj. kan ik mɛt en 'kredit·kart bə'talən?]
Sí, puede.	**Ja, dat kan.** [ja, dat kan]

Aquí está su recibo.	**Hier is uw ontvangstbewijs.** [hir is uw ɔnt'faŋst·bə'wɛjs]
Disculpe por la multa.	**Sorry voor de boete.** [sɔri vōr də 'butə]
No pasa nada. Fue culpa mía.	**Maakt niet uit. Het is mijn schuld.** [mākt nit œyt hɛt is mɛjn sxult]
Disfrute su viaje.	**Prettige reis.** ['prɛtixə rɛjs]

Taxi

taxi	**taxi** [taksi]
taxista	**taxi chauffeur** [taksi ʃɔ'før]
coger un taxi	**een taxi nemen** [en 'taksi 'nemən]
parada de taxis	**taxistandplaats** [taksi·'stantplāts]
¿Dónde puedo coger un taxi?	**Waar kan ik een taxi nemen?** [wār kan ik en 'taksi 'nemən?]
llamar a un taxi	**een taxi bellen** [en 'taksi 'bɛlən]
Necesito un taxi.	**Ik heb een taxi nodig.** [ik hɛp en 'taksi 'nɔdəx]
Ahora mismo.	**Nu onmiddellijk.** [nʉ ɔn'midələk]
¿Cuál es su dirección?	**Wat is uw adres?** [wat is ʉw ad'rɛs?]
Mi dirección es ...	**Mijn adres is ...** [mɛjn ad'rɛs is ...]
¿Cuál es el destino?	**Uw bestemming?** [ʉw bəs'tɛmiŋ?]

Perdone, ...	**Pardon, ...** [par'dɔn, ...]
¿Está libre?	**Bent u vrij?** [bɛnt ju vrɛj?]
¿Cuánto cuesta ir a ...?	**Hoeveel kost het naar ...?** [huvēl kɔst ət nār ...?]
¿Sabe usted dónde está?	**Weet u waar dit is?** [wēt ju wār dit is?]

Al aeropuerto, por favor.	**Luchthaven alstublieft.** [lʉxt'havən alstʉ'blift]
Pare aquí, por favor.	**Hier stoppen alstublieft.** [hir 'stɔpən alstʉ'blift]
No es aquí.	**Het is niet hier.** [hɛt is nit hir]
La dirección no es correcta.	**Dit is het verkeerde adres.** [dit is ət vər'kērdə ad'rɛs]
Gire a la izquierda.	**Linksaf.** [linksaf]
Gire a la derecha.	**Rechtsaf.** [rɛxts'af]

¿Cuánto le debo? | **Hoeveel ben ik u schuldig?**
[huvēl bɛn ik ju 'sxʉldəx?]

¿Me da un recibo, por favor? | **Kan ik een bon krijgen alstublieft.**
[kan ik en bɔn 'krɛjxən alstʉ'blift]

Quédese con el cambio. | **Hou het kleingeld maar.**
[hau ət 'klɛjnxɛlt mãr]

Espéreme, por favor. | **Wil u even op mij wachten?**
[wil ju 'evən ɔp mɛj 'waxtən?]

cinco minutos | **vijf minuten**
[vɛjf mi'nʉtən]

diez minutos | **tien minuten**
[tin mi'nʉtən]

quince minutos | **vijftien minuten**
[vɛjftin mi'nʉtən]

veinte minutos | **twintig minuten**
[twintəx mi'nʉtən]

media hora | **een half uur**
[en half ūr]

Hotel

Hola.	**Hallo.** [halɔ]
Me llamo …	**Ik heet …** [ik hēt …]
Tengo una reserva.	**Ik heb gereserveerd.** [ik hɛp xərezɛr'vērt]

Necesito …	**Ik heb … nodig** [ik hɛp … 'nɔdəx]
una habitación individual	**een enkele kamer** [en 'ɛnkelə 'kamər]
una habitación doble	**een tweepersoons kamer** [en twē·pɛr'sōns 'kamər]
¿Cuánto cuesta?	**Hoeveel kost dat?** [huvēl kɔst dat?]
Es un poco caro.	**Dat is nogal duur.** [dat is 'nɔxal dūr]

¿Tiene alguna más?	**Zijn er geen andere mogelijkheden?** [zɛjn ɛr xēn 'anderə 'mɔxələkhedən?]
Me quedo.	**Die neem ik.** [di nēm ik]
Pagaré en efectivo.	**Ik betaal contant.** [ik bə'tāl kɔn'tant]

Tengo un problema.	**Ik heb een probleem.** [ik hɛp en prɔ'blēm]
Mi … no funciona.	**Mijn … is stuk.** [mɛjn … is stʉk]
Mi … está fuera de servicio.	**Mijn … doet het niet meer.** [mɛjn … dut ət nit mēr]
televisión	**TV** [te've]
aire acondicionado	**airco** ['ɛrkɔ]
grifo	**kraan** [krãn]

ducha	**douche** [duʃ]
lavabo	**lavabo** [lava'bɔ]
caja fuerte	**brandkast** [brantkast]

cerradura	**deurslot** ['dørslɔt]
enchufe	**stopcontact** [stɔp kɔn'takt]
secador de pelo	**haardroger** [hãr·drɔxər]

No tengo ...	**Ik heb geen ...** [ik hɛp xẽn ...]
agua	**water** [watər]
luz	**licht** [lixt]
electricidad	**stroom** [strõm]

¿Me puede dar ...?	**Kunt u mij een ... bezorgen?** [kʉnt ju mɛj en ... bə'zɔrxən?]
una toalla	**een handdoek** [en 'handuk]
una sábana	**een deken** [en 'dekən]
unas chanclas	**pantoffels** [pan'tɔfəls]
un albornoz	**een badjas** [en badjas]
un champú	**shampoo** [ʃʌmpõ]
jabón	**zeep** [zẽp]

Quisiera cambiar de habitación.	**Ik wil van kamer veranderen.** [ik wil van 'kamər və'randerən]
No puedo encontrar mi llave.	**Ik kan mijn sleutel niet vinden.** [ik kan mɛjn 'sløtel nit 'vindən]
Por favor abra mi habitación.	**Kunt u mijn kamer openen alstublieft?** [kʉnt ju mɛjn 'kamər 'ɔpenen alstʉ'blift?]
¿Quién es?	**Wie is daar?** [wi is dãr?]
¡Entre!	**Kom binnen!** [kɔm 'binən!]
¡Un momento!	**Een ogenblikje!** [en 'ɔxənblikje!]
Ahora no, por favor.	**Niet op dit moment alstublieft.** [nit ɔp dit mɔ'mɛnt alstʉ'blift]

Venga a mi habitación, por favor.	**Kom naar mijn kamer alstublieft.** [kɔm nãr mɛjn 'kamər alstʉ'blift]
Quisiera hacer un pedido.	**Kan ik room service krijgen.** [kan ik rõm 'søːrvis 'krɛjxən]
Mi número de habitación es ...	**Mijn kamernummer is ...** [mɛjn 'kamər·'nʉmer is ...]

Me voy …	**Ik vertrek …** [ik vər'trɛk …]
Nos vamos …	**Wij vertrekken …** [wɛj vər'trɛkən …]
Ahora mismo	**nu onmiddellijk** [nʉ ɔn'midələk]
esta tarde	**vanmiddag** [van'midax]
esta noche	**vanavond** [va'navɔnt]
mañana	**morgen** ['mɔrxən]
mañana por la mañana	**morgenochtend** ['mɔrxən 'ɔxtənt]
mañana por la noche	**morgenavond** [mɔrxən 'avɔnt]
pasado mañana	**overmorgen** [ɔvər'mɔrxən]

Quisiera pagar la cuenta.	**Ik zou willen afrekenen.** [ik 'zau 'wilən 'afrekənən]
Todo ha estado estupendo.	**Alles was uitstekend.** [aləs was œyts'tekənt]
¿Dónde puedo coger un taxi?	**Waar kan ik een taxi nemen?** [wār kan ik ən 'taksi 'nemən?]
¿Puede llamarme un taxi, por favor?	**Wil u alstublieft een taxi bestellen?** [wil ju alstʉ'blift ən 'taksi bəs'tɛlən?]

Restaurante

¿Puedo ver el menú, por favor?

Kan ik het menu zien alstublieft?
[kan ik ət me'nʉ zin alstʉ'blift?]

Mesa para uno.

Een tafel voor één persoon.
[en 'tafəl vōr en pɛr'sōn]

Somos dos (tres, cuatro).

**We zijn met z'n tweeën
(drieën, vieren).**
[we zɛjn mɛt zən 'twēɛn
('driɛn, 'virən)]

Para fumadores

Roken
['rɔkən]

Para no fumadores

Niet roken
[nit 'rɔkən]

¡Por favor! (llamar al camarero)

Hallo! Pardon!
[halɔ! par'dɔn!]

la carta

menu
[me'nʉ]

la carta de vinos

wijnkaart
[wɛjnkārt]

La carta, por favor.

Het menu alstublieft.
[hɛt me'nʉ alstʉ'blift]

¿Está listo para pedir?

Bent u zover om te bestellen?
[bɛnt ju 'zɔvər ɔm tə bəs'tɛlən?]

¿Qué quieren pedir?

Wat wenst u?
[wat wɛnst ju?]

Yo quiero ...

Voor mij ...
[vōr mɛj ...]

Soy vegetariano.

Ik ben vegetariër.
[ik bɛn vexə'tarijər]

carne

vlees
[vlēs]

pescado

vis
[vis]

verduras

groente
['xruntə]

¿Tiene platos para vegetarianos?

Hebt u vegetarische gerechten?
[hɛpt ju vexə'tarisə xə'rɛxtən?]

No como cerdo.

Ik eet niet varkensvlees.
[ik ēt nit 'varkənsvlēs]

Él /Ella/ no come carne.

Hij /zij/ eet geen vlees.
[hɛj /zɛj/ ēt xēn vlēs]

Soy alérgico a …	**Ik ben allergisch voor …** [ik bɛn aˈlɛrxis võr …]
¿Me puede traer …, por favor?	**Wil u mij … brengen** [wil ju mɛj … bˈrɛŋən]
sal | pimienta | azúcar	**zout | peper | suiker** [zaut | ˈpepər | ˈsœykər]
café | té | postre	**koffie | thee | dessert** [kɔfi | tẽ | dɛˈsɛːr]
agua | con gas | sin gas	**water | met prik | gewoon** [watər | mɛt prik | xəˈwõn]
una cuchara | un tenedor | un cuchillo	**een lepel | vork | mes** [en ˈlepəl | vɔrk | mɛs]
un plato | una servilleta	**een bord | servet** [en bɔrt | sɛrˈvɛt]

¡Buen provecho!	**Smakelijk!** [smakələk!]
Uno más, por favor.	**Nog een alstublieft.** [nɔx en alstɯˈblift]
Estaba delicioso.	**Het was heerlijk.** [hɛt was ˈhẽrlək]

la cuenta | el cambio | la propina	**rekening | wisselgeld | fooi** [rekəniŋ | ˈwisəl·xɛlt | fõj]
La cuenta, por favor.	**De rekening alstublieft.** [də ˈrekəniŋ alstɯˈblift]
¿Puedo pagar con tarjeta?	**Kan ik met een creditcard betalen?** [kan ik mɛt en ˈkredit·kart bəˈtalən?]
Perdone, aquí hay un error.	**Sorry, hier is een fout.** [sɔri, hir iz en ˈfaut]

De Compras

¿Puedo ayudarle?

Waarmee kan ik u van dienst zijn?
[wãr'mē kan ik ju van dinst zɛjn?]

¿Tiene ...?

Hebt u ...?
[hɛpt ju ...?]

Busco ...

Ik zoek ...
[ik zuk ...]

Necesito ...

Ik heb ... nodig
[ik hɛp ... 'nɔdəx]

Sólo estoy mirando.

Ik kijk even.
[ik kɛjk 'evən]

Sólo estamos mirando.

Wij kijken even.
[wɛj 'kɛjkən 'evən]

Volveré más tarde.

Ik kom wat later terug.
[ik kɔm wat 'latər te'rʉx]

Volveremos más tarde.

We komen later terug.
[we 'kɔmən 'latər te'rʉx]

descuentos | oferta

korting | uitverkoop
[kɔrtiŋ | 'œʏtverkōp]

Por favor, enséñeme ...

Kunt u mij ... laten zien alstublieft?
[kʉnt ju mɛj ... 'latən zin alstʉ'blift?]

¿Me puede dar ..., por favor?

Kunt u mij ... geven alstublieft?
[kʉnt ju mɛj ... 'xevən alstʉ'blift?]

¿Puedo probarmelo?

Kan ik dit passen?
[kan ik dit 'pasən?]

Perdone, ¿dónde están los probadores?

Pardon, waar is de paskamer?
[par'dɔn, wãr is də 'pas·kamər?]

¿Qué color le gustaría?

Welke kleur wenst u?
['wɛlkə 'klør wɛnst ju?]

la talla | el largo

maat | lengte
[māt | 'leŋtə]

¿Cómo le queda? (¿Está bien?)

Past het?
[past ət?]

¿Cuánto cuesta esto?

Hoeveel kost het?
[huvēl kɔst ət?]

Es muy caro.

Dat is te duur.
[dat is tə dũr]

Me lo llevo.

Ik neem het.
[ik nēm ət]

Perdone, ¿dónde está la caja?

Pardon, waar moet ik betalen?
[par'dɔn, wãr mut ik bə'talən?]

¿Pagará en efectivo o con tarjeta?

Betaalt u contant of met een creditcard?
[bə'tālt ju kɔn'tant ɔf mɛt en 'kredit·kart?]

en efectivo | con tarjeta

contant | met een creditcard
[kɔn'tant | mɛt en 'kredit·kart]

¿Quiere el recibo?

Wil u een kwitantie?
[wil ju en kwi'tantsi?]

Sí, por favor.

Ja graag.
[ja xrāx]

No, gracias.

Nee, hoeft niet.
[nē, huft nit]

Gracias. ¡Que tenga un buen día!

Bedankt. Een fijne dag verder!
[bə'dankt. en 'fɛjnə dax 'vɛrdər!]

En la ciudad

Perdone, por favor.	**Pardon, ...** [par'dɔn, ...]
Busco ...	**Ik ben op zoek naar ...** [ik bɛn ɔp zuk nɑ̃r ...]
el metro	**de metro** [də 'metrɔ]
mi hotel	**mijn hotel** [mɛjn hɔ'tɛl]
el cine	**de bioscoop** [də biɔ'skōp]
una parada de taxis	**een taxistandplaats** [en 'taksi·'stantplāts]
un cajero automático	**een geldautomaat** [en xɛlt·autɔ'mãt]
una oficina de cambio	**een wisselagent** [en 'wisəl·a'xɛnt]
un cibercafé	**een internet café** [en 'intərnɛt ka'fe]
la calle ...	**... straat** [... strãt]
este lugar	**dit adres** [dit ad'rɛs]
¿Sabe usted dónde está ...?	**Weet u waar ... is?** [wēt ju wãr ... is?]
¿Cómo se llama esta calle?	**Welke straat is dit?** [wɛlkə strãt is dit?]
Muestreme dónde estamos ahora.	**Kunt u me aanwijzen waar we nu zijn?** [kʉnt ju mə 'ãnwɛjzən wãr wə nʉ zɛjn]
¿Puedo llegar a pie?	**Kan ik er lopend naar toe?** [kan ik ɛr 'lɔpənt nɑ̃r tu?]
¿Tiene un mapa de la ciudad?	**Hebt u een plattegrond van de stad?** [hɛpt ju en platə'xrɔnt van də stat?]
¿Cuánto cuesta la entrada?	**Hoeveel kost de toegang?** [huvēl kɔst də 'tuxaŋ?]
¿Se pueden hacer fotos aquí?	**Kan ik hier foto's maken?** [kan ik hir 'fotɔs 'makən?]
¿Está abierto?	**Bent u open?** [bɛnt ju 'ɔpən?]

¿A qué hora abren?

Hoe laat gaat u open?
[hu lāt xāt ju 'ɔpən?]

¿A qué hora cierran?

Hoe laat sluit u?
[hu lāt slœyt ju?]

Dinero

dinero	**geld** [xɛlt]
efectivo	**contant** [kɔn'tant]
billetes	**bankbiljetten** [bank·bi'ljetən]
monedas	**kleingeld** [klɛjn·xɛlt]
la cuenta | el cambio | la propina	**rekening | wisselgeld | fooi** [rekənin | 'wisəl·xɛlt | fōj]

la tarjeta de crédito	**creditcard** [kredit·kart]
la cartera	**portemonnee** [pɔrtəmɔ'nē]
comprar	**kopen** ['kɔpən]
pagar	**betalen** [bə'talən]
la multa	**boete** ['butə]
gratis	**gratis** [xratis]

¿Dónde puedo comprar ...?	**Waar kan ik ... kopen?** [wār kan ik ... 'kɔpən?]
¿Está el banco abierto ahora?	**Is de bank nu open?** [is də bank nu 'ɔpən?]
¿A qué hora abre?	**Hoe laat gaat hij open?** [hu lāt xāt hɛj 'ɔpən?]
¿A qué hora cierra?	**Hoe laat sluit hij?** [hu lāt slœyt hɛj?]

¿Cuánto cuesta?	**Hoeveel?** [huvēl?]
¿Cuánto cuesta esto?	**Hoeveel kost dit?** [huvēl kɔst dit?]
Es muy caro.	**Dat is te duur.** [dat is tə dūr]

Perdone, ¿dónde está la caja?	**Pardon, waar moet ik betalen?** [par'dɔn, wār mut ik bə'talən?]
La cuenta, por favor.	**De rekening alstublieft.** [də 'rekənin alstu'blift]

¿Puedo pagar con tarjeta?	**Kan ik met een creditcard betalen?** [kan ik mɛt en 'kredit·kart bə'talən?]
¿Hay un cajero por aquí?	**Is hier een geldautomaat?** [is hir en xɛlt·autɔ'māt?]
Busco un cajero automático.	**Ik zoek een geldautomaat.** [ik zuk en xɛlt·autɔ'māt]
Busco una oficina de cambio.	**Ik zoek een wisselagent.** [ik zuk en 'wisəl a'xɛnt]
Quisiera cambiar ...	**Ik zou ... willen wisselen.** [ik 'zau ... 'wilən 'wisələn]
¿Cuál es el tipo de cambio?	**Wat is de wisselkoers?** [wat is də 'wisəl·kurs?]
¿Necesita mi pasaporte?	**Hebt u mijn paspoort nodig?** [hɛpt ju mɛjn 'paspõrt 'nɔdəx?]

Tiempo

¿Qué hora es?	**Hoe laat is het?** [hu lāt is ət?]
¿Cuándo?	**Wanneer?** [wa'nēr?]
¿A qué hora?	**Hoe laat?** [hu lāt?]
ahora | luego | después de ...	**nu | later | na ...** [nʉ | 'latər | na ...]

la una	**een uur** [en ūr]
la una y cuarto	**kwart over een** [kwart 'ɔvər en]
la una y medio	**half twee** [half twē]
las dos menos cuarto	**kwart voor twee** [kwart vōr twē]

una | dos | tres	**een | twee | drie** [en | twē | dri]
cuatro | cinco | seis	**vier | vijf | zes** [vir | vɛjf | zɛs]
siete | ocho | nueve	**zeven | acht | negen** [zevən | axt | 'nexən]
diez | once | doce	**tien | elf | twaalf** [tin | ɛlf | twālf]

en ...	**binnen ...** ['binən ...]
cinco minutos	**vijf minuten** [vɛjf mi'nʉtən]
diez minutos	**tien minuten** [tin mi'nʉtən]
quince minutos	**vijftien minuten** [vɛjftin mi'nʉtən]
veinte minutos	**twintig minuten** [twintəx mi'nʉtən]

media hora	**een half uur** [en half ūr]
una hora	**een uur** [en ūr]
por la mañana	**s ochtends** [s 'ɔxtənts]

por la mañana temprano	**s ochtends vroeg** [s 'ɔxtənts vrux]
esta mañana	**vanmorgen** [van'mɔrxən]
mañana por la mañana	**morgenochtend** ['mɔrxən 'ɔxtənt]
al mediodía	**in het midden van de dag** [in ət 'midən van də dax]
por la tarde	**s middags** [s 'midaxs]
por la noche	**s avonds** [s 'avɔnts]
esta noche	**vanavond** [va'navɔnt]
por la noche	**s avonds** [s 'avɔnts]
ayer	**gisteren** ['xistərən]
hoy	**vandaag** [van'dãx]
mañana	**morgen** ['mɔrxən]
pasado mañana	**overmorgen** [ɔvər'mɔrxən]
¿Qué día es hoy?	**Wat is het vandaag?** [wat is ət van'dãx?]
Es ...	**Het is ...** [hɛt is ...]
lunes	**maandag** [mãndax]
martes	**dinsdag** [dinzdax]
miércoles	**woensdag** [wunzdax]
jueves	**donderdag** [dɔndərdax]
viernes	**vrijdag** [vrɛjdax]
sábado	**zaterdag** [zatərdax]
domingo	**zondag** [zɔndax]

Saludos. Presentaciones.

Hola.	**Hallo.** [halɔ]
Encantado /Encantada/ de conocerle.	**Aangenaam.** [ānxənām]
Yo también.	**Insgelijks.** ['insxeləks]
Le presento a ...	**Mag ik u voorstellen aan ...** [max ik ju 'vōrstɛlən ān ...]
Encantado.	**Aangenaam.** [ānxənām]
¿Cómo está?	**Hoe gaat het met u?** [hu xāt ət mɛt ju?]
Me llamo ...	**Ik heet ...** [ik hēt ...]
Se llama ...	**Dit is ...** [dit is ...]
Se llama ...	**Dit is ...** [dit is ...]
¿Cómo se llama (usted)?	**Hoe heet u?** [hu hēt ju?]
¿Cómo se llama (él)?	**Hoe heet hij?** [hu hēt hɛj?]
¿Cómo se llama (ella)?	**Hoe heet zij?** [hu hēt zɛj?]
¿Cuál es su apellido?	**Wat is uw achternaam?** [wat is ʉw 'axtər·nām?]
Puede llamarme ...	**Noem mij maar ...** [num mɛj mār ...]
¿De dónde es usted?	**Vanwaar komt u?** [van'wār kɔmt ju?]
Yo soy de	**Ik kom van ...** [ik kɔm van ...]
¿A qué se dedica?	**Wat is uw beroep?** [wat is ʉw bə'rup?]
¿Quién es?	**Wie is dit?** [wi is dit?]
¿Quién es él?	**Wie is hij?** [wi is hɛj?]
¿Quién es ella?	**Wie is zij?** [wi is zɛj?]
¿Quiénes son?	**Wie zijn zij?** [wi zɛjn zɛj?]

Este es …	**Dit is …** [dit is …]
mi amigo	**mijn vriend** [mɛjn vrint]
mi amiga	**mijn vriendin** [mɛjn vrin'din]
mi marido	**mijn man** [mɛjn man]
mi mujer	**mijn vrouw** [mɛjn 'vrau]
mi padre	**mijn vader** [mɛjn 'vadər]
mi madre	**mijn moeder** [mɛjn 'mudər]
mi hermano	**mijn broer** [mɛjn brur]
mi hermana	**mijn zuster** [mɛjn 'zʉstər]
mi hijo	**mijn zoon** [mɛjn zõn]
mi hija	**mijn dochter** [mɛjn 'dɔxtər]
Este es nuestro hijo.	**Dit is onze zoon.** [dit is 'ɔnzə zõn]
Esta es nuestra hija.	**Dit is onze dochter.** [dit is 'ɔnzə 'dɔxtər]
Estos son mis hijos.	**Dit zijn mijn kinderen.** [dit zɛjn 'mɛjn 'kindərən]
Estos son nuestros hijos.	**Dit zijn onze kinderen.** [dit zɛjn 'ɔnzə 'kindərən]

Despedidas

¡Adiós!	**Tot ziens!** [tɔt zins!]
¡Chau!	**Doei!** [dui!]
Hasta mañana.	**Tot morgen.** [tɔt 'mɔrxən]
Hasta pronto.	**Tot binnenkort.** [tɔt binə'kɔrt]
Te veo a las siete.	**Tot om zeven uur.** [tɔt ɔm 'zevən ūr]
¡Que se diviertan!	**Veel plezier!** [vēl plə'zīr!]
Hablamos más tarde.	**Tot straks.** [tɔt straks]
Que tengas un buen fin de semana.	**Prettig weekend.** [prɛtəx 'wīkɛnt]
Buenas noches.	**Goede nacht.** [xudə naxt]
Es hora de irme.	**ik moet opstappen.** [ik mut 'ɔpstapən]
Tengo que irme.	**Ik moet weg.** [ik mut wɛx]
Ahora vuelvo.	**ik ben zo terug.** [ik bɛn zɔ te'rʉx]
Es tarde.	**Het is al laat.** [hɛt is al lāt]
Tengo que levantarme temprano.	**Ik moet vroeg op.** [ik mut vrux ɔp]
Me voy mañana.	**Ik vertrek morgen.** [ik vər'trɛk 'mɔrxən]
Nos vamos mañana.	**Wij vertrekken morgen.** [wɛj vər'trɛkən 'mɔrxən]
¡Que tenga un buen viaje!	**Prettige reis!** ['prɛtixə rɛjs!]
Ha sido un placer.	**Het was fijn u te leren kennen.** [hɛt was fɛjn ju tə 'lerən 'kɛnən]
Fue un placer hablar con usted.	**Het was een prettig gesprek.** [hɛt was en 'prɛtəx xe'sprɛk]
Gracias por todo.	**Dank u wel voor alles.** [dank ju wɛl vōr 'aləs]

Lo he pasado muy bien.

Lo pasamos muy bien.

Fue genial.

Le voy a echar de menos.

Le vamos a echar de menos.

ik heb ervan genoten.
[ik hɛp ɛr'van xe'nɔtən]

Wij hebben ervan genoten.
[wɛj 'hɛbən ɛr'van xə'nɔtən]

Het was bijzonder leuk.
[hɛt was bi'zɔndər 'løk]

Ik ga je missen.
[ik xa je 'misən]

Wij gaan je missen.
[wɛj xān je 'misən]

¡Suerte!

Saludos a ...

Veel succes!
[vēl sʉk'sɛs!]

De groeten aan ...
[də 'xrutən ān ...]

Idioma extranjero

No entiendo.

Ik versta het niet.
[ik vər'sta ət nit]

Escríbalo, por favor.

Schrijf het neer alstublieft.
[sxrɛjf ət nēr alstʉ'blift]

¿Habla usted ...?

Spreekt u ...?
[sprēkt ju ...?]

Hablo un poco de ...

Ik spreek een beetje ...
[ik sprēk en 'bētjə ...]

inglés

Engels
['ɛŋəls]

turco

Turks
[tʉrks]

árabe

Arabisch
[a'rabis]

francés

Frans
[frans]

alemán

Duits
[dœʏts]

italiano

Italiaans
[itali'āns]

español

Spaans
[spāns]

portugués

Portugees
[pɔrtʉ'xēs]

chino

Chinees
[ʃi'nēs]

japonés

Japans
[ja'pans]

¿Puede repetirlo, por favor?

Kunt u dat herhalen alstublieft.
[kʉnt ju dat hɛr'halən alstʉ'blift]

Lo entiendo.

Ik versta het.
[ik vər'sta ət]

No entiendo.

Ik versta het niet.
[ik vər'sta ət nit]

Hable más despacio, por favor.

Spreek wat langzamer alstublieft.
[sprēk wat 'laŋzamər alstʉ'blift]

¿Está bien?

Is dat juist?
[is dat jœʏst?]

¿Qué es esto? (¿Que significa esto?)

Wat is dit?
[wat is dit?]

Disculpas

Perdone, por favor.
Excuseer me alstublieft.
[ɛkskʉ'zēr mə alstʉ'blift]

Lo siento.
Sorry.
['sɔri]

Lo siento mucho.
Het spijt me.
[hɛt spɛjt mə]

Perdón, fue culpa mía.
Sorry, het is mijn schuld.
[sɔri, hɛt is mɛjn sxʉlt]

Culpa mía.
Mijn schuld.
[mɛjn sxʉlt]

¿Puedo ...?
Mag ik ...?
[max ik ...?]

¿Le molesta si ...?
Is het goed dat ...?
[iz ət xut dat ...?]

¡No hay problema! (No pasa nada.)
Het is okay.
[hɛt is ɔ'kɛj]

Todo está bien.
Maakt niet uit.
[mākt nit œyt]

No se preocupe.
Maak je geen zorgen.
[māk je xēn 'zɔrxən]

Acuerdos

Sí.
Ja.
[ja]

Sí, claro.
Ja zeker.
[ja 'zekər]

Bien.
Goed!
[xut!]

Muy bien.
Uitstekend.
[œyt'stekənt]

¡Claro que sí!
Zeker weten!
['zekər 'wetən!]

Estoy de acuerdo.
Ik ga akkoord.
[ik xa a'kõrt]

Es verdad.
Precies.
[prə'sis]

Es correcto.
Juist.
[jœyst]

Tiene razón.
Je hebt gelijk.
[je hɛpt xə'lɛjk]

No me molesta.
Ik doe het graag.
[ik du ət xrãx]

Es completamente cierto.
Dat is juist.
[dat is jœyst]

Es posible.
Dat is mogelijk.
[dat is 'mɔxələk]

Es una buena idea.
Dat is een goed idee.
[dat is en xut i'dē]

No puedo decir que no.
Ik kan niet nee zeggen.
[ik kan nit nē 'zɛxən]

Estaré encantado /encantada/.
Met genoegen.
[mɛt xə'nuxən]

Será un placer.
Graag.
[xrãx]

Rechazo. Expresar duda

No.
Nee.
[në]

Claro que no.
Beslist niet.
[bəs'list nit]

No estoy de acuerdo.
Daar ben ik het niet mee eens.
[dār bɛn ik ət nit mē ēns]

No lo creo.
Dat geloof ik niet.
[dat xe'lōf ik nit]

No es verdad.
Dat is niet waar.
[dat is nit wār]

No tiene razón.
U maakt een fout.
[ju mākt en 'faut]

Creo que no tiene razón.
Ik denk dat u een fout maakt.
[ik dɛnk dat ju en 'faut mākt]

No estoy seguro /segura/.
Ik weet het niet zeker.
[ik wēt ət nit 'zekər]

No es posible.
Het is onmogelijk.
[hɛt is ɔn'mɔxələk]

¡Nada de eso!
Beslist niet!
[bəs'list nit!]

Justo lo contrario.
Precies het tegenovergestelde!
[prə'sis hɛt 'texən·'ɔvərxəstɛldə!]

Estoy en contra de ello.
Ik ben er tegen.
[ik bɛn ɛr 'texən]

No me importa. (Me da igual.)
Ik geef er niet om.
[ik xēf ɛr nit ɔm]

No tengo ni idea.
Ik heb geen idee.
[ik hɛp xēn i'dē]

Dudo que sea así.
Dat betwijfel ik.
[dat bet'wɛjfəl ik]

Lo siento, no puedo.
Sorry, ik kan niet.
[sɔri, ik kan nit]

Lo siento, no quiero.
Sorry, ik wil niet.
['sɔri, ik wil nit]

Gracias, pero no lo necesito.
Dank u, maar ik heb dit niet nodig.
[dank ju, mār ik hɛp dit nit 'nɔdəx]

Ya es tarde.
Het wordt laat.
[hɛt wɔrt lāt]

Tengo que levantarme temprano.

Ik moet vroeg op.
[ik mut vrux ɔp]

Me encuentro mal.

Ik voel me niet lekker.
[ik vul mə nit 'lɛkər]

Expresar gratitud

Gracias.	**Bedankt.** [bə'dankt]
Muchas gracias.	**Heel erg bedankt.** [hēl ɛrx bə'dankt]
De verdad lo aprecio.	**Ik stel dit zeer op prijs.** [ik stel dit zēr ɔp prɛjs]
Se lo agradezco.	**Ik ben u erg dankbaar.** [ik bɛn ju ɛrx 'dankbār]
Se lo agradecemos.	**Wij zijn u erg dankbaar.** [wɛj zɛjn ju ɛrx 'dankbār]
Gracias por su tiempo.	**Bedankt voor uw tijd.** [bə'dankt vōr ʉw tɛjt]
Gracias por todo.	**Dank u wel voor alles.** [dank ju wɛl vōr 'aləs]
Gracias por …	**Bedankt voor …** [bə'dankt vōr …]
su ayuda	**uw hulp** [ʉw hʉlp]
tan agradable momento	**een leuke dag** [en 'løkə dax]
una comida estupenda	**een heerlijke maaltijd** [en 'hērlɛkə 'māltɛjt]
una velada tan agradable	**een prettige avond** [en 'prɛtixə 'avɔnt]
un día maravilloso	**een prettige dag** [en 'prɛtixə dax]
un viaje increíble	**een fantastische reis** [en fan'tastise rɛjs]
No hay de qué.	**Graag gedaan.** [xrãx xə'dãn]
De nada.	**Graag gedaan.** [xrãx xə'dãn]
Siempre a su disposición.	**Graag gedaan.** [xrãx xə'dãn]
Encantado /Encantada/ de ayudarle.	**Tot uw dienst.** [tɔt ʉw dinst]
No hay de qué.	**Graag gedaan.** [xrãx xə'dãn]
No tiene importancia.	**Maak je geen zorgen.** [mãk je xēn 'zɔrxən]

Felicitaciones , Mejores Deseos

¡Felicidades!	**Gefeliciteerd!** [xəfelisi'tērt!]
¡Feliz Cumpleaños!	**Gefeliciteerd met je verjaardag!** [xəfelisi'tērt mɛt je və'rjārdax!]
¡Feliz Navidad!	**Prettig Kerstfeest!** [prɛtəx 'kɛrstfēst!]
¡Feliz Año Nuevo!	**Gelukkig Nieuwjaar!** [xə'lʉkəx 'niu'jār!]

¡Felices Pascuas!	**Vrolijk Paasfeest!** [vrɔlək 'pāsfēst!]
¡Feliz Hanukkah!	**Gelukkig Chanoeka!** [xə'lʉkəx 'xanuka!]

Quiero brindar.	**Ik wil een heildronk uitbrengen.** [ik wil en 'hɛjldrɔnk 'œytbreŋen]
¡Salud!	**Proost!** [prōst!]
¡Brindemos por ...!	**Laten we drinken op ...!** [latən we 'drinkən ɔp ... !]
¡A nuestro éxito!	**Op ons succes!** [ɔp ɔns sʉk'sɛs!]
¡A su éxito!	**Op uw succes!** [ɔp ʉw sʉk'sɛs!]

¡Suerte!	**Veel succes!** [vēl sʉk'sɛs!]
¡Que tenga un buen día!	**Een prettige dag!** [en 'prɛtixə dax!]
¡Que tenga unas buenas vacaciones!	**Een prettige vakantie!** [en 'prɛtixə va'kantsi!]
¡Que tenga un buen viaje!	**Een veilige reis!** [en 'vɛjlixə rɛjs!]
¡Espero que se recupere pronto!	**Ik hoop dat u gauw weer beter bent!** [ik hōp dat ju 'xau wēr 'betər bɛnt!]

Socializarse

¿Por qué está triste?

¡Sonría! ¡Animese!

¿Está libre esta noche?

Waarom zie je er zo verdrietig uit?
[wā'rɔm zi je ɛr zɔ vər'dritəx œʏt?]

Lach eens! Wees vrolijk!
[lax ēns! wēs 'vrɔlək!]

Ben je vrij vanavond?
[bɛn je vrɛj va'navɔnt?]

¿Puedo ofrecerle algo de beber?

¿Querría bailar conmigo?

Vamos a ir al cine.

Mag ik je een drankje aanbieden?
[max ik je en 'drankje 'ānbidən?]

Zullen we eens dansen?
[zʉlən we ēns 'dansən?]

Laten we naar de bioscoop gaan.
[latən we nār də biɔ'skōp xān]

¿Puedo invitarle a ...?

un restaurante

el cine

el teatro

dar una vuelta

Mag ik je uitnodigen naar ...?
[max ik je 'œʏtnɔdixən nār ...?]

een restaurant
[en rɛstɔ'ran]

de bioscoop
[də biɔ'skōp]

het theater
[hɛt te'ater]

een wandeling
[en 'wandəliŋ]

¿A qué hora?

esta noche

a las seis

a las siete

a las ocho

a las nueve

Hoe laat?
[hu lāt?]

vanavond
[va'navɔnt]

om zes uur
[ɔm zɛs ūr]

om zeven uur
[ɔm 'zevən ūr]

om acht uur
[ɔm axt ūr]

om negen uur
[ɔm 'nexən ūr]

¿Le gusta este lugar?

¿Está aquí con alguien?

Estoy con mi amigo /amiga/.

Vind u het hier leuk?
[vint ju ət hir 'løk?]

Bent u hier met iemand?
[bɛnt ju hir mɛt i'mant?]

Ik ben met mijn vriend.
[ik bɛn mɛt mɛjn vrint]

Estoy con amigos.	**Ik ben met mijn vrienden.** [ik bɛn mɛt mɛjn 'vrindən]
No, estoy solo /sola/.	**Nee, ik ben alleen.** [ik bɛn a'lēn]

¿Tienes novio?	**Heb jij een vriendje?** [hɛp jɛj en 'vrindje?]
Tengo novio.	**Ik heb een vriendje.** [ik hɛp en 'vrindje]
¿Tienes novia?	**Heb jij een vriendin?** [hɛp jɛj en vrin'din?]
Tengo novia.	**Ik heb een vriendin.** [ik hɛp en vrin'din]

¿Te puedo volver a ver?	**Kan ik je weer eens zien?** [kan ik je wēr ēns zin?]
¿Te puedo llamar?	**Mag ik je opbellen?** [max ik je ɔ'bɛlən?]
Llámame.	**Bel me op.** [bɛl mə ɔp]
¿Cuál es tu número?	**Wat is je nummer?** [wat is je 'nʉmər?]
Te echo de menos.	**Ik mis je.** [ik mis je]

¡Qué nombre tan bonito!	**U hebt een mooie naam.** [ju hɛpt en mōje nām]
Te quiero.	**Ik hou van jou.** [ik 'hau van 'jau]
¿Te casarías conmigo?	**Wil je met me trouwen?** [wil je mɛt mə 'trauwən?]
¡Está de broma!	**Dat meen je niet!** [dat mēn je nit!]
Sólo estoy bromeando.	**Grapje.** [xrapje]

¿En serio?	**Meen je dat?** [mēn je dat?]
Lo digo en serio.	**Ik meen het.** [ik mēn ət]
¿De verdad?	**Heus waar?!** [høs wār?!]
¡Es increíble!	**Dat is ongelooflijk!** [dat is ɔnxə'lōflək!]
No le creo.	**Ik geloof je niet.** [ik xə'lōf je nit]
No puedo.	**Ik kan niet.** [ik kan nit]
No lo sé.	**Ik weet het niet.** [ik wēt ət nit]
No le entiendo.	**Ik versta u niet.** [ik vər'sta ju nit]

Váyase, por favor.

Ga alstublieft weg.
[xa alstʉ'blift wɛx]

¡Déjeme en paz!

Laat me gerust!
[lāt mə xə'rʉst!]

Es inaguantable.

Ik kan hem niet uitstaan.
[ik kan hɛm nit 'œʏtstān]

¡Es un asqueroso!

U bent een smeerlap!
[ju bɛnt en 'smērlap!]

¡Llamaré a la policía!

Ik ga de politie bellen!
[ik xa də po'litsi 'bɛlən!]

Compartir impresiones. Emociones

Me gusta.	**Dat vind ik fijn.** [dat vint ik fɛjn]
Muy lindo.	**Heel mooi.** [hēl mōj]
¡Es genial!	**Wat leuk!** [wat 'løk!]
No está mal.	**Dat is niet slecht.** [dat is nit slɛxt]
No me gusta.	**Daar houd ik niet van.** [dār 'haut ik nit van]
No está bien.	**Dat is niet goed.** [dat is nit xut]
Está mal.	**Het is slecht.** [hɛt is slɛxt]
Está muy mal.	**Het is heel slecht.** [hɛt is hēl slɛxt]
¡Qué asco!	**Het is smerig.** [hɛt is 'smerəx]
Estoy feliz.	**Ik ben blij.** [ik bɛn blɛj]
Estoy contento /contenta/.	**Ik ben tevreden.** [ik bɛn təv'redən]
Estoy enamorado /enamorada/.	**ik ben verliefd.** [ik bɛn vər'lift]
Estoy tranquilo.	**Ik voel me rustig.** [ik vul mə 'rʉstəx]
Estoy aburrido.	**Ik verveel me.** [ik vər'vēl mə]
Estoy cansado /cansada/.	**Ik ben moe.** [ik bɛn mu]
Estoy triste.	**Ik ben verdrietig.** [ik bɛn vər'dritəx]
Estoy asustado.	**Ik ben bang.** [ik bɛn baŋ]
Estoy enfadado /enfadada/.	**Ik ben kwaad.** [ik bɛn kwāt]
Estoy preocupado /preocupada/.	**Ik ben bezorgd.** [ik bɛn bə'zɔrxt]
Estoy nervioso /nerviosa/.	**Ik ben zenuwachtig.** [ik bɛn 'zenʉwaxtəx]

Estoy celoso /celosa/.	**Ik ben jaloers.** [ik bɛn ja'lurs]
Estoy sorprendido /sorprendida/.	**Het verwondert me.** [hɛt vər'wɔndərt mə]
Estoy perplejo /perpleja/.	**Ik sta paf.** [ik sta paf]

Problemas, Accidentes

Tengo un problema.
Ik heb een probleem.
[ik hɛp en prɔ'blēm]

Tenemos un problema.
Wij hebben een probleem.
[wɛj 'hɛbən en prɔ'blēm]

Estoy perdido /perdida/.
Ik ben de weg kwijt.
[ik bɛn də wɛx kwɛjt]

Perdi el último autobús (tren).
Ik heb de laatste bus (trein) gemist.
[ik hɛp də 'lātstə bʉs (trɛjn) xə'mist]

No me queda más dinero.
Ik heb geen geld meer.
[ik hɛp xēn xɛlt mēr]

He perdido ...
Ik heb mijn ... verloren
[ik hɛp mɛjn ... vər'lɔrən]

Me han robado ...
Iemand heeft mijn ... gestolen
[imant hēft mɛjn ... xəs'tɔlən]

mi pasaporte
paspoort
[paspōrt]

mi cartera
portemonnee
[pɔrtəmɔ'nē]

mis papeles
papieren
[pa'pirən]

mi billete
kaartje
[kārtjə]

mi dinero
geld
[xɛlt]

mi bolso
tas
[tas]

mi cámara
camera
[kaməra]

mi portátil
laptop
['lɛptɔp]

mi tableta
tablet
[tab'lɛt]

mi teléfono
mobieltje
[mɔ'biltjə]

¡Ayúdeme!
Help!
[hɛlp!]

¿Qué pasó?
Wat is er aan de hand?
[wat is ɛr ān də hant?]

el incendio
brand
[brant]

un tiroteo	**er wordt geschoten** [ɛr wɔrt xəs'xɔtən]
el asesinato	**moord** [mõrt]
una explosión	**ontploffing** [ɔntp'lɔfiŋ]
una pelea	**gevecht** [xə'vɛxt]

¡Llame a la policía!	**Bel de politie!** [bɛl də pɔ'litsi!]
¡Más rápido, por favor!	**Opschieten alstublieft!** [ɔpsxitən alstʉ'blift!]
Busco la comisaría.	**Ik zoek het politiebureau.** [ik zuk ət pɔ'litsi bʉ'rɔ]
Tengo que hacer una llamada.	**Ik moet opbellen.** [ik mut ɔ'bɛlən]
¿Puedo usar su teléfono?	**Mag ik uw telefoon gebruiken?** [max ik ʉw telə'fõn xə'brœʏkən?]

Me han ...	**Ik ben ...** [ik bɛn ...]
asaltado /asaltada/	**overvallen** [ɔvər'valən]
robado /robada/	**bestolen** [bəs'tɔlən]
violada	**verkracht** [vərk'raxt]
atacado /atacada/	**aangevallen** [ãnxəvalən]

¿Se encuentra bien?	**Gaat het?** [xãt ət?]
¿Ha visto quien a sido?	**Hebt u gezien wie het was?** [hɛpt ju xə'zin wi ət was?]
¿Sería capaz de reconocer a la persona?	**Zou u de persoon kunnen herkennen?** [zau ju də pɛr'sõn 'kʉnən hɛr'kɛnən?]
¿Está usted seguro?	**Bent u daar zeker van?** [bɛnt ju dãr 'zekər van?]

Por favor, cálmese.	**Rustig aan alstublieft.** [rʉstəx ãn alstʉ'blift]
¡Cálmese!	**Kalm aan!** [kalm ãn!]
¡No se preocupe!	**Maak je geen zorgen!** [mãk je xẽn 'zɔrxən!]
Todo irá bien.	**Alles komt in orde.** [aləs kɔmt in 'ɔrdə]
Todo está bien.	**Alles is in orde.** [aləs iz in 'ɔrdə]
Venga aquí, por favor.	**Kom hier alstublieft.** [kɔm hir alstʉ'blift]

Tengo unas preguntas para usted.

Espere un momento, por favor.

¿Tiene un documento de identidad?

Gracias. Puede irse ahora.

¡Manos detrás de la cabeza!

¡Está arrestado!

Ik heb een paar vragen voor u.
[ik hɛp en pãr 'vraxən võr ju]
Een ogenblikje alstublieft.
[en 'ɔxənblikje alstʉ'blift]
Hebt u een ID-kaart?
[hɛpt ju en aj'di-kãrt?]
Dank u. U mag nu vertrekken.
[dank ju. ju max nʉ vər'trɛkən]
Handen achter uw hoofd!
[handən 'axtər ʉw hõft!]
U bent onder arrest!
[ju bɛnt 'ɔndər a'rɛst!]

Problemas de salud

Ayudeme, por favor.	**Kunt u mij helpen alstublieft?** [kʉnt ju mɛj 'hɛlpən alstʉ'blift]
No me encuentro bien.	**Ik voel me niet goed.** [ik vul mə nit xut]
Mi marido no se encuentra bien.	**Mijn man voelt zich niet goed.** [mɛjn man vult zix nit xut]
Mi hijo ...	**Mijn zoon ...** [mɛjn zōn ...]
Mi padre ...	**Mijn vader ...** [mɛjn 'vadər ...]

Mi mujer no se encuentra bien.	**Mijn vrouw voelt zich niet goed.** [mɛjn 'vrau vult zix nit xut]
Mi hija ...	**Mijn dochter ...** [mɛjn 'dɔxtər ...]
Mi madre ...	**Mijn moeder ...** [mɛjn 'mudər ...]

Me duele ...	**Ik heb ...** [ik hɛp ...]
la cabeza	**hoofdpijn** [hōftpɛjn]
la garganta	**keelpijn** [kēlpɛjn]
el estómago	**maagpijn** [māxpɛjn]
un diente	**tandpijn** [tantpɛjn]

Estoy mareado.	**Ik voel me duizelig.** [ik vul mə 'dœyzələx]
Él tiene fiebre.	**Hij heeft koorts.** [hɛj hēft kōrts]
Ella tiene fiebre.	**Zij heeft koorts.** [zɛj hēft kōrts]
No puedo respirar.	**Ik heb moeite met ademen.** [ik hɛp 'mujtə mɛt 'adəmən]

Me ahogo.	**Ik ben kortademig.** [ik bɛn kɔ'rtadəməx]
Tengo asma.	**Ik ben astmatisch.** [ik bɛn astm'atis]
Tengo diabetes.	**Ik ben diabeet.** [ik bɛn 'diabēt]

No puedo dormir.	**Ik kan niet slapen.** [ik kan nit 'slapən]
intoxicación alimentaria	**voedselvergiftiging** [vutsəl·vər'xiftəxiŋ]

Me duele aquí.	**Het doet hier pijn.** [hɛt dut hir pɛjn]
¡Ayúdeme!	**Help!** [hɛlp!]
¡Estoy aquí!	**Ik ben hier!** [ik bɛn hir!]
¡Estamos aquí!	**Wij zijn hier!** [wɛj zɛjn hir!]
¡Saquenme de aquí!	**Kom mij halen!** [kɔm mɛj 'halən!]
Necesito un médico.	**Ik heb een dokter nodig.** [ik hɛp en 'dɔktər 'nɔdəx]
No me puedo mover.	**Ik kan me niet bewegen.** [ik kan mə nit bə'wexən]
No puedo mover mis piernas.	**Ik kan mijn benen niet bewegen.** [ik kan mɛjn 'benən nit bə'wexən]

Tengo una herida.	**Ik heb een wond.** [ik hɛp en wɔnt]
¿Es grave?	**Is het erg?** [iz ət ɛrx?]
Mis documentos están en mi bolsillo.	**Mijn documenten zijn in mijn zak.** [mɛjn dɔkʉ'mɛntən zɛjn in mɛjn zak]
¡Cálmese!	**Rustig maar!** [rʉstəx mãr!]
¿Puedo usar su teléfono?	**Mag ik uw telefoon gebruiken?** [max ik ʉw telə'fõn xə'brœʏkən?]

¡Llame a una ambulancia!	**Bel een ambulance!** [bɛl en ambʉ'lansə!]
¡Es urgente!	**Het is dringend!** [hɛt is 'driŋənt!]
¡Es una emergencia!	**Het is een noodgeval!** [hɛt is en 'nõtxəval!]
¡Más rápido, por favor!	**Opschieten alstublieft!** [ɔpsxitən alstʉ'blift!]
¿Puede llamar a un médico, por favor?	**Kunt u alstublieft een dokter bellen?** [kʉnt ju alstʉ'blift en 'dɔktər 'bɛlən?]
¿Dónde está el hospital?	**Waar is het ziekenhuis?** [wãr iz ət 'zikənhœʏs?]

¿Cómo se siente?	**Hoe voelt u zich?** [hu vult ju zix?]
¿Se encuentra bien?	**Hoe gaat het?** [hu xãt ət?]
¿Qué pasó?	**Wat is er gebeurd?** [wat is ɛr xə'børt?]

Me encuentro mejor.

Ik voel me nu wat beter.
[ik vul mə nʉ wat 'betər]

Está bien.

Het is okay.
[hɛt is ɔ'kɛj]

Todo está bien.

Het gaat beter.
[hɛt xãt 'betər]

En la farmacia

la farmacia	**apotheek** [apɔ'tēk]
la farmacia 24 horas	**dag en nacht apotheek** [dax en naxt apɔ'tēk]
¿Dónde está la farmacia más cercana?	**Waar is de meest nabij gelegen apotheek?** [wār is də mēst na'bɛj xə'lexən apɔ'tēk?]
¿Está abierta ahora?	**Is hij nu open?** [is hɛj nʉ 'ɔpən?]
¿A qué hora abre?	**Hoe laat gaat hij open?** [hu lāt xāt hɛj 'ɔpən?]
¿A qué hora cierra?	**Hoe laat sluit hij?** [hu lāt slœyt hɛj?]
¿Está lejos?	**Is het ver?** [iz ət vɛr?]
¿Puedo llegar a pie?	**Kan ik er lopend naar toe?** [kan ik ɛr 'lɔpənt nār tu?]
¿Puede mostrarme en el mapa?	**Kunt u het op de plattegrond aanwijzen?** [kʉnt ju ət ɔp də platə'xrɔnt 'ānwɛjzən?]
Por favor, deme algo para …	**Geef mij alstublieft iets voor …** [xēf mɛj alstʉ'blift its vōr …]
un dolor de cabeza	**hoofdpijn** [hōftpɛjn]
la tos	**hoest** [hust]
el resfriado	**verkoudheid** [vər'kauthɛjt]
la gripe	**de griep** [də xrip]
la fiebre	**koorts** [kōrts]
un dolor de estomago	**maagpijn** [māxpɛjn]
nauseas	**misselijkheid** ['misələkhɛjt]
la diarrea	**diarree** [dia'rē]

el estreñimiento

constipatie
[kɔnsti'patsi]

un dolor de espalda

rugpijn
[rʉxpɛjn]

un dolor de pecho

pijn in mijn borst
[pɛjn in mɛjn bɔrst]

el flato

steek in de zij
[stēk in də zɛj]

un dolor abdominal

pijn in mijn onderbuik
[pɛjn in mɛjn 'ɔndərbœʏk]

---

la píldora

pil
[pil]

la crema

zalf, crème
[zalf, krɛ:m]

el jarabe

stroop
[strōp]

el spray

verstuiver
[vərstœʏvər]

las gotas

druppels
[drʉpəls]

Tiene que ir al hospital.

U moet naar het ziekenhuis.
[ju mut nār ət 'zikənhœʏs]

el seguro de salud

ziektekostenverzekering
[ziktəkɔstən·vər'zekəriŋ]

la receta

voorschrift
[vōrsxrift]

el repelente de insectos

anti-insecten middel
[anti-in'sɛktən 'midəl]

la curita

pleister
['plɛjstər]

Lo más imprescindible

Perdone, ...	**Pardon, ...** [par'dɔn, ...]
Hola.	**Hallo.** [halɔ]
Gracias.	**Bedankt.** [bə'dankt]

Sí.	**Ja.** [ja]
No.	**Nee.** [nē]
No lo sé.	**Ik weet het niet.** [ik wēt ət nit]
¿Dónde? | ¿A dónde? | ¿Cuándo?	**Waar? | Waarheen? | Wanneer?** [wār? | wār'hēn? | wa'nēr?]

Necesito ...	**Ik heb ... nodig** [ik hɛp ... 'nɔdəx]
Quiero ...	**Ik wil ...** [ik wil ...]
¿Tiene ...?	**Hebt u ...?** [hɛpt ju ...?]
¿Hay ... por aquí?	**Is hier een ...?** [is hir en ...?]
¿Puedo ...?	**Mag ik ...?** [max ik ...?]
..., por favor? (petición educada)	**... alstublieft** [... alstʉ'blift]

Busco ...	**Ik zoek ...** [ik zuk ...]
el servicio	**toilet** [twa'lɛt]
un cajero automático	**geldautomaat** [xɛlt·auto'māt]
una farmacia	**apotheek** [apo'tēk]
el hospital	**ziekenhuis** [zikənhœys]

la comisaría	**politiebureau** [pɔ\'litsi bʉ\'rɔ]
el metro	**metro** ['metrɔ]

un taxi	**taxi** [taksi]
la estación de tren	**station** [sta'tsjɔn]

Me llamo ...	**Ik heet ...** [ik hĕt ...]
¿Cómo se llama?	**Hoe heet u?** [hu hĕt ju?]
¿Puede ayudarme, por favor?	**Kunt u me helpen alstublieft?** [kʉnt ju mə 'hɛlpən alstʉ'blift?]
Tengo un problema.	**Ik heb een probleem.** [ik hɛp en prɔ'blĕm]
Me encuentro mal.	**Ik voel me niet goed.** [ik vul mə nit xut]
¡Llame a una ambulancia!	**Bel een ambulance!** [bɛl en ambʉ'lansə!]
¿Puedo llamar, por favor?	**Mag ik opbellen?** [max ik ɔ'bɛlən?]

Lo siento.	**Sorry.** ['sɔri]
De nada.	**Graag gedaan.** [xrãx xə'dãn]

Yo	**Ik, mij** [ik, mɛj]
tú	**jij** [jɛj]
él	**hij** [hɛj]
ella	**zij** [zɛj]
ellos	**zij** [zɛj]
ellas	**zij** [zɛj]
nosotros /nosotras/	**wij** [wɛj]
ustedes, vosotros	**jullie** ['juli]
usted	**u** [ju]

ENTRADA	**INGANG** [inxaŋ]
SALIDA	**UITGANG** [œytxaŋ]
FUERA DE SERVICIO	**BUITEN GEBRUIK** [bœytən xə'brœvk]
CERRADO	**GESLOTEN** [xə'slɔtən]

ABIERTO	**OPEN** ['ɔpən]
PARA SEÑORAS	**DAMES** [daməs]
PARA CABALLEROS	**HEREN** ['herən]

T&P BOOKS

DICCIONARIO CONCISO

Esta sección contiene más
de 1.500 palabras útiles.
El diccionario incluye muchos
términos gastronómicos
y será de gran ayuda para
pedir alimentos en un
restaurante o comprando
comestibles en la tienda

T&P Books Publishing

CONTENIDO
DEL DICCIONARIO

T&P Books Publishing

tiempo (m)	**tijd (de)**	[tɛjt]
hora (f)	**uur (het)**	[ūr]
media hora (f)	**halfuur (het)**	[ɦalf 'ūr]
minuto (m)	**minuut (de)**	[mi'nūt]
segundo (m)	**seconde (de)**	[se'kɔndə]
hoy (adv)	**vandaag**	[van'dāx]
mañana (adv)	**morgen**	['mɔrxən]
ayer (adv)	**gisteren**	['xistərən]
lunes (m)	**maandag (de)**	['māndax]
martes (m)	**dinsdag (de)**	['dinsdax]
miércoles (m)	**woensdag (de)**	['wunsdax]
jueves (m)	**donderdag (de)**	['dɔndərdax]
viernes (m)	**vrijdag (de)**	['vrɛjdax]
sábado (m)	**zaterdag (de)**	['zatərdax]
domingo (m)	**zondag (de)**	['zɔndax]
día (m)	**dag (de)**	[dax]
día (m) de trabajo	**werkdag (de)**	['wɛrk·dax]
día (m) de fiesta	**feestdag (de)**	['fēst·dax]
fin (m) de semana	**weekend (het)**	['wikənt]
semana (f)	**week (de)**	[wēk]
semana (f) pasada	**vorige week**	['vɔrixə wēk]
semana (f) que viene	**volgende week**	['vɔlxəndə wēk]
salida (f) del sol	**zonsopgang (de)**	[zɔns'ɔpxaŋ]
puesta (f) del sol	**zonsondergang (de)**	[zɔns'ɔndərxaŋ]
por la mañana	**'s morgens**	[s 'mɔrxəns]
por la tarde	**'s middags**	[s 'midax]
por la noche	**'s avonds**	[s 'avɔnts]
esta noche	**vanavond**	[va'navɔnt]
(p.ej. 8:00 p.m.)		
por la noche	**'s nachts**	[s naxts]
medianoche (f)	**middernacht (de)**	['midər·naxt]
enero (m)	**januari (de)**	[janɥ'ari]
febrero (m)	**februari (de)**	[febrɥ'ari]
marzo (m)	**maart (de)**	[mārt]
abril (m)	**april (de)**	[ap'ril]
mayo (m)	**mei (de)**	[mɛj]
junio (m)	**juni (de)**	['juni]
julio (m)	**juli (de)**	['juli]

agosto (m)	augustus (de)	[au'xʊstʊs]
septiembre (m)	september (de)	[sɛp'tɛmbər]
octubre (m)	oktober (de)	[ɔk'tɔbər]
noviembre (m)	november (de)	[nɔ'vɛmbər]
diciembre (m)	december (de)	[de'sɛmbər]

en primavera	in de lente	[in də 'lɛntə]
en verano	in de zomer	[in də 'zɔmər]
en otoño	in de herfst	[in də hɛrfst]
en invierno	in de winter	[in də 'wintər]

mes (m)	maand (de)	[mãnt]
estación (f)	seizoen (het)	[sɛj'zun]
año (m)	jaar (het)	[jãr]
siglo (m)	eeuw (de)	[ẽw]

2. Números. Los numerales

cifra (f)	cijfer (het)	['sɛjfər]
número (m) (~ cardinal)	nummer (het)	['nʊmər]
menos (m)	minteken (het)	['min·tekən]
más (m)	plusteken (het)	['plʊs·tekən]
suma (f)	som (de), totaal (het)	[sɔm], [tɔ'tãl]

primero (adj)	eerste	['ẽrstə]
segundo (adj)	tweede	['twẽdə]
tercero (adj)	derde	['dɛrdə]

cero	nul	[nʊl]
uno	een	[en]
dos	twee	[twẽ]
tres	drie	[dri]
cuatro	vier	[vir]

cinco	vijf	[vɛjf]
seis	zes	[zɛs]
siete	zeven	['zevən]
ocho	acht	[axt]
nueve	negen	['nexən]
diez	tien	[tin]

once	elf	[ɛlf]
doce	twaalf	[twãlf]
trece	dertien	['dɛrtin]
catorce	veertien	['vẽrtin]
quince	vijftien	['vɛjftin]

dieciséis	zestien	['zɛstin]
diecisiete	zeventien	['zevəntin]
dieciocho	achttien	['axtin]

diecinueve	negentien	['nexəntin]
veinte	twintig	['twintəx]
treinta	dertig	['dɛrtəx]
cuarenta	veertig	['vĕrtəx]
cincuenta	vijftig	['vɛjftəx]
sesenta	zestig	['zɛstəx]
setenta	zeventig	['zevəntəx]
ochenta	tachtig	['tahtəx]
noventa	negentig	['nexəntəx]
cien	honderd	['hɔndərt]
doscientos	tweehonderd	[twĕ·'hɔndərt]
trescientos	driehonderd	[dri·'hɔndərt]
cuatrocientos	vierhonderd	[vir·'hɔndərt]
quinientos	vijfhonderd	[vɛjf·'hɔndərt]
seiscientos	zeshonderd	[zɛs·'hɔndərt]
setecientos	zevenhonderd	['zevən·'hɔndərt]
ochocientos	achthonderd	[axt·'hɔndərt]
novecientos	negenhonderd	['nexən·'hɔndərt]
mil	duizend	['dœyzənt]
diez mil	tienduizend	[tin·'dœyzənt]
cien mil	honderdduizend	['hɔndərt·'dœyzənt]
millón (m)	miljoen (het)	[mi'ljun]
mil millones	miljard (het)	[mi'ljart]

3. El ser humano. Los familiares

hombre (m) (varón)	man (de)	[man]
joven (m)	jongen (de)	['jɔŋən]
adolescente (m)	tiener, adolescent (de)	['tinər], [adɔlɛ'sɛnt]
mujer (f)	vrouw (de)	['vrau]
muchacha (f)	meisje (het)	['mɛjçə]
edad (f)	leeftijd (de)	['lĕftɛjt]
adulto	volwassen	[vɔl'wasən]
de edad media (adj)	van middelbare leeftijd	[van 'midəlbarə 'lĕftɛjt]
anciano, mayor (adj)	bejaard	[bɛ'järt]
viejo (adj)	oud	['aut]
anciano (m)	oude man (de)	['audə man]
anciana (f)	oude vrouw (de)	['audə 'vrau]
jubilación (f)	pensioen (het)	[pɛn'ʃun]
jubilarse	met pensioen gaan	[mɛt pɛn'ʃun xān]
jubilado (m)	gepensioneerde (de)	[xəpɛnʃə'nĕrdə]
madre (f)	moeder (de)	['mudər]
padre (m)	vader (de)	['vadər]
hijo (m)	zoon (de)	[zōn]

hija (f)	dochter (de)	['dɔxtər]
hermano (m)	broer (de)	[brur]
hermano (m) mayor	oudere broer (de)	['audərə brur]
hermano (m) menor	jongere broer (de)	['joŋərə brur]
hermana (f)	zuster (de)	['zʉstər]
hermana (f) mayor	oudere zuster (de)	['audərə 'zʉstər]
hermana (f) menor	jongere zuster (de)	['joŋərə 'zʉstər]
padres (pl)	ouders	['audərs]
niño -a (m, f)	kind (het)	[kint]
niños (pl)	kinderen	['kindərən]
madrastra (f)	stiefmoeder (de)	['stif·mudər]
padrastro (m)	stiefvader (de)	['stif·vadər]
abuela (f)	oma (de)	['ɔma]
abuelo (m)	opa (de)	['ɔpa]
nieto (m)	kleinzoon (de)	[klɛjn·zõn]
nieta (f)	kleindochter (de)	[klɛjn·'dɔxtər]
nietos (pl)	kleinkinderen	[klɛjn·'kindərən]
tío (m)	oom (de)	[õm]
tía (f)	tante (de)	['tantə]
sobrino (m)	neef (de)	[nẽf]
sobrina (f)	nicht (de)	[nixt]
mujer (f)	vrouw (de)	['vrau]
marido (m)	man (de)	[man]
casado (adj)	gehuwd	[xə'hʉwt]
casada (adj)	gehuwd	[xə'hʉwt]
viuda (f)	weduwe (de)	['wedʉwə]
viudo (m)	weduwnaar (de)	['wedʉwnãr]
nombre (m)	naam (de)	[nãm]
apellido (m)	achternaam (de)	['axtər·nãm]
pariente (m)	familielid (het)	[fa'mililit]
amigo (m)	vriend (de)	[vrint]
amistad (f)	vriendschap (de)	['vrintsxap]
compañero (m)	partner (de)	['partnər]
superior (m)	baas (de)	[bãs]
colega (m, f)	collega (de)	[kɔ'lexa]
vecinos (pl)	buren	['bʉrən]

4. El cuerpo. La anatomía humana

organismo (m)	organisme (het)	[ɔrxa'nismə]
cuerpo (m)	lichaam (het)	['lixãm]
corazón (m)	hart (het)	[hart]
sangre (f)	bloed (het)	[blut]

cerebro (m)	**hersenen**	['hɛrsənən]
nervio (m)	**zenuw (de)**	['zenʉw]
hueso (m)	**been (het)**	[bẽn]
esqueleto (m)	**skelet (het)**	[ske'lɛt]
columna (f) vertebral	**ruggengraat (de)**	['rʉxə·xrãt]
costilla (f)	**rib (de)**	[rib]
cráneo (m)	**schedel (de)**	['sxedəl]
músculo (m)	**spier (de)**	[spir]
pulmones (m pl)	**longen**	['lɔŋən]
piel (f)	**huid (de)**	['hœʏt]
cabeza (f)	**hoofd (het)**	[hõft]
cara (f)	**gezicht (het)**	[xə'ziht]
nariz (f)	**neus (de)**	['nøs]
frente (f)	**voorhoofd (het)**	['võrhõft]
mejilla (f)	**wang (de)**	[waŋ]
boca (f)	**mond (de)**	[mɔnt]
lengua (f)	**tong (de)**	[tɔŋ]
diente (m)	**tand (de)**	[tant]
labios (m pl)	**lippen**	['lipən]
mentón (m)	**kin (de)**	[kin]
oreja (f)	**oor (het)**	[õr]
cuello (m)	**hals (de)**	[hals]
garganta (f)	**keel (de)**	[kẽl]
ojo (m)	**oog (het)**	[õx]
pupila (f)	**pupil (de)**	[pʉ'pil]
ceja (f)	**wenkbrauw (de)**	['wɛnk·brau]
pestaña (f)	**wimper (de)**	['wimpər]
pelo, cabello (m)	**haren**	['harən]
peinado (m)	**kapsel (het)**	['kapsəl]
bigote (m)	**snor (de)**	[snɔr]
barba (f)	**baard (de)**	[bãrt]
tener (~ la barba)	**dragen**	['draxən]
calvo (adj)	**kaal**	[kãl]
mano (f)	**hand (de)**	[hant]
brazo (m)	**arm (de)**	[arm]
dedo (m)	**vinger (de)**	['viŋər]
uña (f)	**nagel (de)**	['naxəl]
palma (f)	**handpalm (de)**	['hantpalm]
hombro (m)	**schouder (de)**	['sxaudər]
pierna (f)	**been (het)**	[bẽn]
planta (f)	**voet (de)**	[vut]
rodilla (f)	**knie (de)**	[kni]
talón (m)	**hiel (de)**	[hil]
espalda (f)	**rug (de)**	[rʉx]

cintura (f), talle (m)	taille (de)	['tajə]
lunar (m)	huidvlek (de)	['hœyt·vlɛk]
marca (f) de nacimiento	moedervlek (de)	['mudər·vlɛk]

5. La medicina. Las drogas

salud (f)	gezondheid (de)	[xə'zɔnthɛjt]
sano (adj)	gezond	[xə'zɔnt]
enfermedad (f)	ziekte (de)	['ziktə]
estar enfermo	ziek zijn	[zik zɛjn]
enfermo (adj)	ziek	[zik]

resfriado (m)	verkoudheid (de)	[vər'kauthɛjt]
resfriarse (vr)	verkouden raken	[vər'kaudən 'rakən]
angina (f)	angina (de)	[an'xina]
pulmonía (f)	longontsteking (de)	['lɔŋ·ɔntstekiŋ]
gripe (f)	griep (de)	[xrip]

resfriado (m) (coriza)	snotneus (de)	[snɔt'nøs]
tos (f)	hoest (de)	[hust]
toser (vi)	hoesten	['hustən]
estornudar (vi)	niezen	['nizən]

insulto (m)	beroerte (de)	[bə'rurtə]
ataque (m) cardiaco	hartinfarct (het)	['hart·in'farkt]
alergia (f)	allergie (de)	[alɛr'xi]
asma (f)	astma (de/het)	['astma]
diabetes (f)	diabetes (de)	[dia'betəs]

tumor (m)	tumor (de)	['tʉmɔr]
cáncer (m)	kanker (de)	['kankər]
alcoholismo (m)	alcoholisme (het)	[alkɔhɔ'lismə]
SIDA (m)	AIDS (de)	[ets]
fiebre (f)	koorts (de)	[kõrts]
mareo (m)	zeeziekte (de)	[zẽ·'ziktə]

moradura (f)	blauwe plek (de)	['blauə plɛk]
chichón (m)	buil (de)	['bœyl]
cojear (vi)	hinken	['hinkən]
dislocación (f)	verstuiking (de)	[vər'stœykiŋ]
dislocar (vt)	verstuiken	[vər'stœykən]

fractura (f)	breuk (de)	['brøk]
quemadura (f)	brandwond (de)	['brant·wɔnt]
herida (f)	blessure (de)	[blɛ'sʉrə]
dolor (m)	pijn (de)	[pɛjn]
dolor (m) de muelas	tandpijn (de)	['tand·pɛjn]

| sudar (vi) | zweten | ['zwetən] |
| sordo (adj) | doof | [dõf] |

mudo (adj)	stom	[stɔm]
inmunidad (f)	immuniteit (de)	[imʉni'tɛjt]
virus (m)	virus (het)	['virʉs]
microbio (m)	microbe (de)	[mik'rɔbə]
bacteria (f)	bacterie (de)	[bak'teri]
infección (f)	infectie (de)	[in'fɛksi]
hospital (m)	ziekenhuis (het)	['zikən·hœys]
cura (f)	genezing (de)	[xə'neziŋ]
vacunar (vt)	inenten	['inɛntən]
estar en coma	in coma liggen	[in 'kɔma 'lixən]
revitalización (f)	intensieve zorg, ICU (de)	[intən'sivə zɔrx], [isɛ'ju]
síntoma (m)	symptoom (het)	[simp'tõm]
pulso (m)	polsslag (de)	['pɔls·slax]

6. Los sentimientos. Las emociones

yo	ik	[ik]
tú	jij, je	[jɛj], [jə]
él	hij	[hɛj]
ella	zij, ze	[zɛj], [zə]
ello	het	[ət]
nosotros, -as	wij, we	[wɛj], [wə]
vosotros, -as	jullie	['juli]
ellos, ellas	zij, ze	[zɛj], [zə]
¡Hola! (fam.)	Hallo! Dag!	[ha'lɔ dax]
¡Hola! (form.)	Hallo!	[ha'lɔ]
¡Buenos días!	Goedemorgen!	['xudə·'mɔrxən]
¡Buenas tardes!	Goedemiddag!	['xudə·'midax]
¡Buenas noches!	Goedenavond!	['xudən·'avɔnt]
decir hola	gedag zeggen	[xe'dax 'zexən]
saludar (vt)	verwelkomen	[vər'wɛlkɔmən]
¿Cómo estás?	Hoe gaat het?	[hu xāt ət]
¡Hasta la vista! (form.)	Tot ziens!	[tɔt 'tsins]
¡Hasta la vista! (fam.)	Doei!	['dui]
¡Gracias!	Dank u!	[dank ju]
sentimientos (m pl)	gevoelens	[xə'vuləns]
tener hambre	honger hebben	['hoŋər 'hɛbən]
tener sed	dorst hebben	[dɔrst 'hɛbən]
cansado (adj)	moe	[mu]
inquietarse (vr)	bezorgd zijn	[bə'zɔrxt zɛjn]
estar nervioso	zenuwachtig zijn	['zenʉw·ahtəx zɛjn]
esperanza (f)	hoop (de)	[hõp]
esperar (tener esperanza)	hopen	['hɔpən]
carácter (m)	karakter (het)	[ka'raktər]

modesto (adj)	bescheiden	[bə'sxɛjdən]
perezoso (adj)	lui	['lœy]
generoso (adj)	gul	[xjul]
talentoso (adj)	talentrijk	[ta'lɛntrɛjk]

honesto (adj)	eerlijk	['ērlək]
serio (adj)	ernstig	['ɛrnstəx]
tímido (adj)	schuchter	['sxʉxtər]
sincero (adj)	oprecht	[ɔp'rɛxt]
cobarde (m)	lafaard (de)	['lafārt]

dormir (vi)	slapen	['slapən]
sueño (m) (dulces ~s)	droom (de)	[drōm]
cama (f)	bed (het)	[bɛt]
almohada (f)	kussen (het)	['kʉsən]

insomnio (m)	slapeloosheid (de)	['slapəlōshɛjt]
irse a la cama	gaan slapen	[xān 'slapən]
pesadilla (f)	nachtmerrie (de)	['naxtmɛri]
despertador (m)	wekker (de)	['wɛkər]

sonrisa (f)	glimlach (de)	['xlimlah]
sonreír (vi)	glimlachen	['xlimlahən]
reírse (vr)	lachen	['laxən]

disputa (f), riña (f)	ruzie (de)	['rʉzi]
insulto (m)	belediging (de)	[bə'ledəxiŋ]
ofensa (f)	krenking (de)	['krenkiŋ]
enfadado (adj)	boos	[bōs]

7. La ropa. Accesorios personales

ropa (f)	kleren (mv.)	['klerən]
abrigo (m)	jas (de)	[jas]
abrigo (m) de piel	bontjas (de)	[bɔnt jas]
cazadora (f)	jasje (het)	['jaçə]
impermeable (m)	regenjas (de)	['rexən jas]
camisa (f)	overhemd (het)	['ɔvərhɛmt]
pantalones (m pl)	broek (de)	[bruk]
chaqueta (f), saco (m)	colbert (de)	['kɔlbər]
traje (m)	kostuum (het)	[kɔs'tūm]

vestido (m)	jurk (de)	[jurk]
falda (f)	rok (de)	[rɔk]
camiseta (f) (T-shirt)	T-shirt (het)	['tijøt]
bata (f) de baño	badjas (de)	['batjas]
pijama (m)	pyjama (de)	[pi'jama]
ropa (f) de trabajo	werkkleding (de)	['wɛrk·'klediŋ]
ropa (f) interior	ondergoed (het)	['ɔndərxut]
calcetines (m pl)	sokken	['sɔkən]

sostén (m)	beha (de)	[be'ha]
pantimedias (f pl)	panty (de)	['pɛnti]
medias (f pl)	nylonkousen	['nɛjlon·'kausən]
traje (m) de baño	badpak (het)	['bad·pak]
gorro (m)	hoed (de)	[hut]
calzado (m)	schoeisel (het)	['sxuisəl]
botas (f pl) altas	laarzen	['lārzən]
tacón (m)	hiel (de)	[hil]
cordón (m)	veter (de)	['vetər]
betún (m)	schoensmeer (de/het)	['sxun·smēr]
algodón (m)	katoen (de/het)	[ka'tun]
lana (f)	wol (de)	[wɔl]
piel (f) (~ de zorro, etc.)	bont (het)	[bɔnt]
guantes (m pl)	handschoenen	['xand 'sxunən]
manoplas (f pl)	wanten	['wantən]
bufanda (f)	sjaal (de)	[çāl]
gafas (f pl)	bril (de)	[bril]
paraguas (m)	paraplu (de)	[parap'lʉ]
corbata (f)	das (de)	[das]
moquero (m)	zakdoek (de)	['zagduk]
peine (m)	kam (de)	[kam]
cepillo (m) de pelo	haarborstel (de)	[hār·'bɔrstəl]
hebilla (f)	gesp (de)	[xɛsp]
cinturón (m)	broekriem (de)	['bruk·rim]
bolso (m)	damestas (de)	['daməs·tas]
cuello (m)	kraag (de)	[krāx]
bolsillo (m)	zak (de)	[zak]
manga (f)	mouw (de)	['mau]
bragueta (f)	gulp (de)	[xjulp]
cremallera (f)	rits (de)	[rits]
botón (m)	knoop (de)	[knōp]
ensuciarse (vr)	vies worden	[vis 'wordən]
mancha (f)	vlek (de)	[vlɛk]

8. La ciudad. Las instituciones urbanas

tienda (f)	winkel (de)	['winkəl]
centro (m) comercial	winkelcentrum (het)	['winkəl·'sɛntrʉm]
supermercado (m)	supermarkt (de)	['sʉpərmarkt]
zapatería (f)	schoenwinkel (de)	['sxun·'winkəl]
librería (f)	boekhandel (de)	['bukən·'handəl]
farmacia (f)	apotheek (de)	[apɔ'tēk]
panadería (f)	bakkerij (de)	['bakərɛj]

pastelería (f)	banketbakkerij (de)	[ban'ket·bakə'rɛj]
tienda (f) de comestibles	kruidenier (de)	[krœʏdə'nir]
carnicería (f)	slagerij (de)	[slaxə'rɛj]
verdulería (f)	groentewinkel (de)	['xruntə·'winkəl]
mercado (m)	markt (de)	[markt]
peluquería (f)	kapperssalon (de/het)	['kapərs·sa'lɔn]
oficina (f) de correos	postkantoor (het)	[pɔst·kan'tōr]
tintorería (f)	stomerij (de)	[stɔmɛ'rɛj]
circo (m)	circus (de/het)	['sirkʉs]
zoológico (m)	dierentuin (de)	['dīrən·tœyn]
teatro (m)	theater (het)	[te'atər]
cine (m)	bioscoop (de)	[biɔ'skōp]
museo (m)	museum (het)	[mʉ'zejum]
biblioteca (f)	bibliotheek (de)	[bibliɔ'tēk]
mezquita (f)	moskee (de)	[mɔs'kē]
sinagoga (f)	synagoge (de)	[sina'xɔxə]
catedral (f)	kathedraal (de)	[kate'drāl]
templo (m)	tempel (de)	['tɛmpəl]
iglesia (f)	kerk (de)	[kɛrk]
instituto (m)	instituut (het)	[insti'tūt]
universidad (f)	universiteit (de)	[junivɛrsi'tɛjt]
escuela (f)	school (de)	[sxōl]
hotel (m)	hotel (het)	[hɔ'tɛl]
banco (m)	bank (de)	[bank]
embajada (f)	ambassade (de)	[amba'sadə]
agencia (f) de viajes	reisbureau (het)	[rɛjs·bʉ'rɔ]
metro (m)	metro (de)	['metrɔ]
hospital (m)	ziekenhuis (het)	['zikən·hœʏs]
gasolinera (f)	benzinestation (het)	[bɛn'zinə·sta'tsjɔn]
aparcamiento (m)	parking (de)	['parkiŋ]
ENTRADA	INGANG	['inxaŋ]
SALIDA	UITGANG	['œʏtxaŋ]
EMPUJAR	DUWEN	['dʉwən]
TIRAR	TREKKEN	['trɛkən]
ABIERTO	OPEN	['ɔpən]
CERRADO	GESLOTEN	[xə'slɔtən]
monumento (m)	monument (het)	[mɔnʉ'mɛnt]
fortaleza (f)	vesting (de)	['vɛstiŋ]
palacio (m)	paleis (het)	[pa'lɛjs]
medieval (adj)	middeleeuws	['midəlēws]
antiguo (adj)	oud	['aut]
nacional (adj)	nationaal	[natsjɔ'nāl]
conocido (adj)	bekend	[bə'kɛnt]

9. El dinero. Las finanzas

dinero (m)	geld (het)	[xɛlt]
moneda (f)	muntstuk (de)	['mʉntstʉk]
dólar (m)	dollar (de)	['dɔlar]
euro (m)	euro (de)	[ørɔ]
cajero (m) automático	geldautomaat (de)	[xɛlt·auto'māt]
oficina (f) de cambio	wisselkantoor (het)	['wisəl·kan'tōr]
curso (m)	koers (de)	[kurs]
dinero (m) en efectivo	baar geld (het)	[bār 'xɛlt]
¿Cuánto?	Hoeveel?	[hu'vēl]
pagar (vi, vt)	betalen	[bə'talən]
pago (m)	betaling (de)	[bə'taliŋ]
cambio (m) (devolver el ~)	wisselgeld (het)	['wisəl·xɛlt]
precio (m)	prijs (de)	[prɛjs]
descuento (m)	korting (de)	['kɔrtiŋ]
barato (adj)	goedkoop	[xut'kōp]
caro (adj)	duur	[dūr]
banco (m)	bank (de)	[bank]
cuenta (f)	bankrekening (de)	[bank·'rekəniŋ]
tarjeta (f) de crédito	kredietkaart (de)	[kre'dit·kārt]
cheque (m)	cheque (de)	[ʃɛk]
sacar un cheque	een cheque uitschrijven	[en ʃɛk œʏt'sxrɛjvən]
talonario (m)	chequeboekje (het)	[ʃɛk·'bukjə]
deuda (f)	schuld (de)	[sxʉlt]
deudor (m)	schuldenaar (de)	['sxʉldənār]
prestar (vt)	uitlenen	['œʏtlənən]
tomar prestado	lenen	['lenən]
alquilar (vt)	huren	['hʉrən]
a crédito (adv)	op krediet	[ɔp kre'dit]
cartera (f)	portefeuille (de)	[pɔrtə'fœɣə]
caja (f) fuerte	safe (de)	[sef]
herencia (f)	erfenis (de)	['ɛrfənis]
fortuna (f)	fortuin (het)	[fɔr'tœʏn]
impuesto (m)	belasting (de)	[bə'lastiŋ]
multa (f)	boete (de)	['butə]
multar (vt)	beboeten	[bə'butən]
al por mayor (adj)	groothandels-	[xrōt·'handəls]
al por menor (adj)	kleinhandels-	[klɛjn·'handəls]
asegurar (vt)	verzekeren	[vər'zekərən]
seguro (m)	verzekering (de)	[vər'zekəriŋ]
capital (m)	kapitaal (het)	[kapi'tāl]
volumen (m) de negocio	omzet (de)	['ɔmzɛt]

acción (f)	aandeel (het)	['āndēl]
beneficio (m)	winst (de)	[winst]
beneficioso (adj)	winstgevend	[winst'xevənt]

crisis (f)	crisis (de)	['krisis]
bancarrota (f)	bankroet (het)	[bank'rut]
ir a la bancarrota	bankroet gaan	[bank'rut xān]

contable (m)	boekhouder (de)	[buk 'haudər]
salario (m)	salaris (het)	[sa'laris]
premio (m)	premie (de)	['premi]

10. El transporte

autobús (m)	bus, autobus (de)	[bʉs], ['autɔbʉs]
tranvía (m)	tram (de)	[trɛm]
trolebús (m)	trolleybus (de)	['trɔlibʉs]

ir en ...	rijden met ...	['rɛjdən mɛt]
tomar (~ el autobús)	stappen	['stapən]
bajar (~ del tren)	afstappen	['afstapən]

parada (f)	halte (de)	['haltə]
parada (f) final	eindpunt (het)	['ɛjnt·pʉnt]
horario (m)	dienstregeling (de)	[dinst·'rexəliŋ]
billete (m)	kaartje (het)	['kārtʃə]
llegar tarde (vi)	te laat zijn	[tə 'lāt zɛjn]

taxi (m)	taxi (de)	['taksi]
en taxi	met de taxi	[mɛt də 'taksi]
parada (f) de taxi	taxistandplaats (de)	['taksi·'stant·plāts]

tráfico (m)	verkeer (het)	[vər'kēr]
horas (f pl) de punta	spitsuur (het)	['spits·ūr]
aparcar (vi)	parkeren	[par'kerən]

metro (m)	metro (de)	['metrɔ]
estación (f)	halte (de)	['haltə]
tren (m)	trein (de)	[trɛjn]
estación (f)	station (het)	[sta'tsjon]
rieles (m pl)	rails	['rɛjls]
compartimiento (m)	coupé (de)	[ku'pɛ]
litera (f)	bed (het)	[bɛt]

avión (m)	vliegtuig (het)	['vlixtœɣx]
billete (m) de avión	vliegticket (het)	['vlix·'tikət]
compañía (f) aérea	luchtvaart- maatschappij (de)	['lʉxtvārt mātsxa'pɛj]
aeropuerto (m)	luchthaven (de)	['lʉxthavən]
vuelo (m)	vlucht (de)	[vlʉxt]

equipaje (m)	bagage (de)	[ba'xaʒə]
carrito (m) de equipaje	bagagekarretje (het)	[ba'xaʒə·'karɛtʃə]
barco, buque (m)	schip (het)	[sxip]
trasatlántico (m)	lijnschip (het)	['lɛjn·sxip]
yate (m)	jacht (het)	[jaxt]
bote (m) de remo	boot (de)	[bōt]
capitán (m)	kapitein (de)	[kapi'tɛjn]
camarote (m)	kajuit (de)	[kajœʏt]
puerto (m)	haven (de)	['havən]
bicicleta (f)	fiets (de)	[fits]
scooter (m)	bromfiets (de)	['brɔmfits]
motocicleta (f)	motorfiets (de)	['motɔrfits]
pedal (m)	pedaal (de/het)	[pe'dāl]
bomba (f)	pomp (de)	[pɔmp]
rueda (f)	wiel (het)	[wil]
coche (m)	auto (de)	['autɔ]
ambulancia (f)	ambulance (de)	[ambʉ'lansə]
camión (m)	vrachtwagen (de)	['vraht·'waxən]
de ocasión (adj)	tweedehands	[twēdə'hants]
accidente (m)	auto-ongeval (het)	['autɔ-'ɔnɛval]
reparación (f)	reparatie (de)	[repa'ratsi]

11. La comida. Unidad 1

carne (f)	vlees (het)	[vlēs]
gallina (f)	kip (de)	[kip]
pato (m)	eend (de)	[ēnt]
carne (f) de cerdo	varkensvlees (het)	['varkəns·vlēs]
carne (f) de ternera	kalfsvlees (het)	['kalfs·vlēs]
carne (f) de carnero	schapenvlees (het)	['sxapən·vlēs]
carne (f) de vaca	rundvlees (het)	['rʉnt·vlēs]
salchichón (m)	worst (de)	[wɔrst]
huevo (m)	ei (het)	[ɛj]
pescado (m)	vis (de)	[vis]
queso (m)	kaas (de)	[kās]
azúcar (m)	suiker (de)	[sœʏkər]
sal (f)	zout (het)	['zaut]
arroz (m)	rijst (de)	[rɛjst]
macarrones (m pl)	pasta (de)	['pasta]
mantequilla (f)	boter (de)	['botər]
aceite (m) vegetal	plantaardige olie (de)	[plant'ārdixə 'ɔli]
pan (m)	brood (het)	[brōt]
chocolate (m)	chocolade (de)	[ʃɔkɔ'ladə]

vino (m)	wijn (de)	[wɛjn]
café (m)	koffie (de)	['kɔfi]
leche (f)	melk (de)	[mɛlk]
zumo (m), jugo (m)	sap (het)	[sap]
cerveza (f)	bier (het)	[bir]
té (m)	thee (de)	[tē]
tomate (m)	tomaat (de)	[tɔ'māt]
pepino (m)	augurk (de)	[au'xʉrk]
zanahoria (f)	wortel (de)	['wɔrtəl]
patata (f)	aardappel (de)	['ārd·apəl]
cebolla (f)	ui (de)	['œɣ]
ajo (m)	knoflook (de)	['knōflɔk]
col (f)	kool (de)	[kōl]
remolacha (f)	rode biet (de)	['rɔdə bit]
berenjena (f)	aubergine (de)	[ɔbɛr'ʒinə]
eneldo (m)	dille (de)	['dilə]
lechuga (f)	sla (de)	[sla]
maíz (m)	maïs (de)	[majs]
fruto (m)	vrucht (de)	[vrʉxt]
manzana (f)	appel (de)	['apəl]
pera (f)	peer (de)	[pēr]
limón (m)	citroen (de)	[si'trun]
naranja (f)	sinaasappel (de)	['sināsapəl]
fresa (f)	aardbei (de)	['ārd·bɛj]
ciruela (f)	pruim (de)	['prœɣm]
frambuesa (f)	framboos (de)	[fram'bōs]
piña (f)	ananas (de)	['ananas]
banana (f)	banaan (de)	[ba'nān]
sandía (f)	watermeloen (de)	['watərmɛ'lun]
uva (f)	druif (de)	[drœɣf]
melón (m)	meloen (de)	[mə'lun]

12. La comida. Unidad 2

cocina (f)	keuken (de)	['køkən]
receta (f)	recept (het)	[re'sɛpt]
comida (f)	eten (het)	['etən]
desayunar (vi)	ontbijten	[ɔn'bɛjtən]
almorzar (vi)	lunchen	['lʉnʃən]
cenar (vi)	souperen	[su'perən]
sabor (m)	smaak (de)	[smāk]
sabroso (adj)	lekker	['lɛkər]
frío (adj)	koud	['kaut]
caliente (adj)	heet	[hēt]

azucarado, dulce (adj)	**zoet**	[zut]
salado (adj)	**gezouten**	[xə'zautən]
bocadillo (m)	**boterham (de)**	['botərham]
guarnición (f)	**garnering (de)**	[xar'neriŋ]
relleno (m)	**vulling (de)**	['vʉliŋ]
salsa (f)	**saus (de)**	['saus]
pedazo (m)	**stuk (het)**	[stʉk]
dieta (f)	**dieet (het)**	[di'ēt]
vitamina (f)	**vitamine (de)**	[vita'minə]
caloría (f)	**calorie (de)**	[kalɔ'ri]
vegetariano (m)	**vegetariër (de)**	[vəxɛ'tarier]
restaurante (m)	**restaurant (het)**	[rɛstɔ'rant]
cafetería (f)	**koffiehuis (het)**	['kɔfi·hœys]
apetito (m)	**eetlust (de)**	['ētlʉst]
¡Que aproveche!	**Eet smakelijk!**	[ēt 'smakələk]
camarero (m)	**kelner, ober (de)**	['kɛlnər], ['ɔbər]
camarera (f)	**serveerster (de)**	[sɛr'vērstər]
barman (m)	**barman (de)**	['barman]
carta (f), menú (m)	**menu (het)**	[me'nʉ]
cuchara (f)	**lepel (de)**	['lepəl]
cuchillo (m)	**mes (het)**	[mɛs]
tenedor (m)	**vork (de)**	[vɔrk]
taza (f)	**kopje (het)**	['kɔpjə]
plato (m)	**bord (het)**	[bɔrt]
platillo (m)	**schoteltje (het)**	['sxɔteltʃə]
servilleta (f)	**servet (het)**	[sɛr'vɛt]
mondadientes (m)	**tandenstoker (de)**	['tandən·'stɔkər]
pedir (vt)	**bestellen**	[bə'stɛlən]
plato (m)	**gerecht (het)**	[xe'rɛht]
porción (f)	**portie (de)**	['pɔrsi]
entremés (m)	**voorgerecht (het)**	['vōrxərɛht]
ensalada (f)	**salade (de)**	[sa'ladə]
sopa (f)	**soep (de)**	[sup]
postre (m)	**dessert (het)**	[dɛ'sɛ:r]
confitura (f)	**confituur (de)**	[kɔnfi'tūr]
helado (m)	**ijsje (het)**	['ɛisjə], ['ɛiʃə]
cuenta (f)	**rekening (de)**	['rekəniŋ]
pagar la cuenta	**de rekening betalen**	[də 'rekəniŋ bə'talən]
propina (f)	**fooi (de)**	[fōj]

13. La casa. El apartamento. Unidad 1

casa (f)	**huis (het)**	['hœys]
casa (f) de campo	**landhuisje (het)**	['lant·hœyɣə]

villa (f)	villa (de)	['vila]
piso (m), planta (f)	verdieping (de)	[vər'dipiŋ]
entrada (f)	ingang (de)	['inxaŋ]
pared (f)	muur (de)	[mūr]
techo (m)	dak (het)	[dak]
chimenea (f)	schoorsteen (de)	['sxōr·stēn]

desván (m)	zolder (de)	['zɔldər]
ventana (f)	venster (het)	['vɛnstər]
alféizar (m)	vensterbank (de)	['vɛnstər·bank]
balcón (m)	balkon (het)	[bal'kɔn]

escalera (f)	trap (de)	[trap]
buzón (m)	postbus (de)	['pɔst·bʉs]
contenedor (m) de basura	vuilnisbak (de)	['vœʏlnis·bak]
ascensor (m)	lift (de)	[lift]

electricidad (f)	elektriciteit (de)	[ɛlɛktrisi'tɛjt]
bombilla (f)	lamp (de)	[lamp]
interruptor (m)	schakelaar (de)	['sxakəlār]
enchufe (m)	stopcontact (het)	['stɔp·kɔn'takt]
fusible (m)	zekering (de)	['zekəriŋ]

puerta (f)	deur (de)	['dør]
tirador (m)	deurkruk (de)	['dør·krʉk]
llave (f)	sleutel (de)	['sløtəl]
felpudo (m)	deurmat (de)	['dør·mat]

cerradura (f)	slot (het)	[slɔt]
timbre (m)	deurbel (de)	['dør·bel]
toque (m) a la puerta	geklop (het)	[xə'klɔp]
tocar la puerta	kloppen	['klɔpən]
mirilla (f)	deurspion (de)	['dør·spiɔn]

patio (m)	cour (de)	[kur]
jardín (m)	tuin (de)	['tœʏn]
piscina (f)	zwembad (het)	['zwɛm·bat]
gimnasio (m)	gym (het)	[ʒim]
cancha (f) de tenis	tennisveld (het)	['tɛnis·vɛlt]
garaje (m)	garage (de)	[xa'raʒə]

| propiedad (f) privada | privé-eigendom (het) | [pri've-'ɛjxəndɔm] |
| letrero (m) de aviso | waarschuwings-bord (het) | ['wārsxjuviŋs bɔrt] |

| seguridad (f) | bewaking (de) | [bə'wakiŋ] |
| guardia (m) de seguridad | bewaker (de) | [bə'wakər] |

renovación (f)	renovatie (de)	[renɔ'vatsi]
renovar (vt)	renoveren	[renɔ'virən]
poner en orden	op orde brengen	[ɔp 'ɔrdə 'brɛŋən]
pintar (las paredes)	verven	['vɛrvən]
empapelado (m)	behang (het)	[bə'haŋ]

cubrir con barniz	lakken	['lakən]
tubo (m)	buis, leiding (de)	['bœys], ['lɛjdiŋ]
instrumentos (m pl)	gereedschap (het)	[xə'rētsxap]
sótano (m)	kelder (de)	['kɛldər]
alcantarillado (m)	riolering (de)	[riɔ'lɛriŋ]

14. La casa. El apartamento. Unidad 2

apartamento (m)	appartement (het)	[apartə'mɛnt]
habitación (f)	kamer (de)	['kamər]
dormitorio (m)	slaapkamer (de)	['slāp·kamər]
comedor (m)	eetkamer (de)	[ēt·'kamər]
salón (m)	salon (de)	[sa'lɔn]
despacho (m)	studeerkamer (de)	[stu'dēr·'kamər]
antecámara (f)	gang (de)	[xaŋ]
cuarto (m) de baño	badkamer (de)	['bat·kamər]
servicio (m)	toilet (het)	[tua'lɛt]
suelo (m)	vloer (de)	[vlur]
techo (m)	plafond (het)	[pla'fɔnt]
limpiar el polvo	stoffen	['stɔfən]
aspirador (m), aspiradora (f)	stofzuiger (de)	['stɔf·zœYxər]
limpiar con la aspiradora	stofzuigen	['stɔf·zœYxən]
fregona (f)	zwabber (de)	['zwabər]
trapo (m)	poetsdoek (de)	['putsduk]
escoba (f)	veger (de)	['vexər]
cogedor (m)	stofblik (het)	['stɔf·blik]
muebles (m pl)	meubels	['møbəl]
mesa (f)	tafel (de)	['tafəl]
silla (f)	stoel (de)	[stul]
sillón (m)	fauteuil (de)	[fɔ'tøj]
librería (f)	boekenkast (de)	['bukən·kast]
estante (m)	boekenrek (het)	['bukən·rɛk]
armario (m)	kledingkast (de)	['klediŋ·kast]
espejo (m)	spiegel (de)	['spixəl]
tapiz (m)	tapijt (het)	[ta'pɛjt]
chimenea (f)	haard (de)	[hārt]
cortinas (f pl)	gordijnen	[xɔr'dɛjnən]
lámpara (f) de mesa	bureaulamp (de)	[bʉ'rɔ·lamp]
lámpara (f) de araña	luchter (de)	['lʉxtər]
cocina (f)	keuken (de)	['køkən]
cocina (f) de gas	gasfornuis (het)	[xas·fɔr'nœys]
cocina (f) eléctrica	elektrisch fornuis (het)	[ɛ'lɛktris fɔr'nœys]
horno (m) microondas	magnetronoven (de)	['mahnətrɔn·'ɔvən]

frigorífico (m)	koelkast (de)	['kul·kast]
congelador (m)	diepvriezer (de)	[dip·'vrizər]
lavavajillas (m)	vaatwasmachine (de)	['vātwas·ma'ʃinə]
grifo (m)	kraan (de)	[krān]

picadora (f) de carne	vleesmolen (de)	['vlēs·mɔlən]
exprimidor (m)	vruchtenpers (de)	['vrʉxtən·pɛrs]
tostador (m)	toaster (de)	['tōstər]
batidora (f)	mixer (de)	['miksər]

cafetera (f) (aparato de cocina)	koffiemachine (de)	['kɔfi·ma'ʃinə]
hervidor (m) de agua	fluitketel (de)	['flœyt·'ketəl]
tetera (f)	theepot (de)	['tē·pɔt]

televisor (m)	televisie (de)	[telə'vizi]
vídeo (m)	videorecorder (de)	['videɔ·re'kɔrdər]
plancha (f)	strijkijzer (het)	['strɛjk·ɛjzər]
teléfono (m)	telefoon (de)	[telə'fōn]

15. Los trabajos. El estatus social

director (m)	directeur (de)	[dirɛk'tør]
superior (m)	baas (de)	[bās]
presidente (m)	president (de)	[prezi'dɛnt]
asistente (m)	assistent (de)	[asi'stɛnt]
secretario, -a (m, f)	secretaris (de)	[sekre'taris]

propietario (m)	eigenaar (de)	['ɛjxənār]
socio (m)	partner (de)	['partnər]
accionista (m)	aandeelhouder (de)	['āndēl·haudər]

hombre (m) de negocios	zakenman (de)	['zakənman]
millonario (m)	miljonair (de)	[milju'nɛːr]
multimillonario (m)	miljardair (de)	[miljar'dɛːr]

actor (m)	acteur (de)	[ak'tør]
arquitecto (m)	architect (de)	[arʃi'tɛkt]
banquero (m)	bankier (de)	[baŋ'kir]
broker (m)	makelaar (de)	['makəlār]
veterinario (m)	dierenarts (de)	['dīrən·arts]
médico (m)	dokter, arts (de)	['dɔktər], [arts]
camarera (f)	kamermeisje (het)	['kamər·'mɛjɕə]
diseñador (m)	designer (de)	[di'zajnər]
corresponsal (m)	correspondent (de)	[kɔrɛspɔn'dɛnt]
repartidor (m)	koerier (de)	[ku'rir]

electricista (m)	elektricien (de)	[ɛlɛktri'sjen]
músico (m)	muzikant (de)	[mʉzi'kant]
niñera (f)	babysitter (de)	['bɛjbisitər]

| peluquero (m) | kapper (de) | ['kapər] |
| pastor (m) | herder (de) | ['hɛrdər] |

cantante (m)	zanger (de)	['zaŋər]
traductor (m)	vertaler (de)	[vər'talər]
escritor (m)	schrijver (de)	['sxrɛjvər]
carpintero (m)	timmerman (de)	['timərman]
cocinero (m)	kok (de)	[kɔk]

bombero (m)	brandweerman (de)	['brantwēr·man]
policía (m)	politieagent (de)	[pɔ'litsi·a'xɛnt]
cartero (m)	postbode (de)	['pɔst·bɔdə]
programador (m)	programmeur (de)	[prɔxra'mør]
vendedor (m)	verkoper (de)	[vər'kɔpər]

obrero (m)	arbeider (de)	['arbɛjdər]
jardinero (m)	tuinman (de)	['tœʏn·man]
fontanero (m)	loodgieter (de)	['lōtxitər]
dentista (m)	tandarts (de)	['tand·arts]
azafata (f)	stewardess (de)	[stʉwər'dɛs]

bailarín (m)	danser (de)	['dansər]
guardaespaldas (m)	lijfwacht (de)	['lɛjf·waxt]
científico (m)	wetenschapper (de)	['wetənsxapər]
profesor (m) (~ de baile, etc.)	meester (de)	['mēstər]

granjero (m)	landbouwer (de)	['lantbauər]
cirujano (m)	chirurg (de)	[ʃi'rʉrx]
minero (m)	mijnwerker (de)	['mɛjn·wɛrkər]
jefe (m) de cocina	chef-kok (de)	[ʃɛf-'kɔk]
chofer (m)	chauffeur (de)	[ʃɔ'før]

16. Los deportes

tipo (m) de deporte	soort sport (de/het)	[sōrt spɔrt]
fútbol (m)	voetbal (het)	['vutbal]
hockey (m)	hockey (het)	['hɔki]
baloncesto (m)	basketbal (het)	['bāskətbal]
béisbol (m)	baseball (het)	['bejzbɔl]

voleibol (m)	volleybal (het)	['vɔlibal]
boxeo (m)	boksen (het)	['bɔksən]
lucha (f)	worstelen (het)	['wɔrstələn]
tenis (m)	tennis (het)	['tɛnis]
natación (f)	zwemmen (het)	['zwɛmən]

ajedrez (m)	schaak (het)	[sxāk]
carrera (f)	hardlopen (het)	['hardlopən]
atletismo (m)	atletiek (de)	[atle'tik]

patinaje (m) artístico	kunstschaatsen (het)	['kʊnst·'sxātsən]
ciclismo (m)	wielersport (de)	['wilər·spɔrt]
billar (m)	biljart (het)	[bi'ljart]
culturismo (m)	bodybuilding (de)	[bɔdi·'bildiŋ]
golf (m)	golf (het)	[gɔlf]
buceo (m)	duiken (het)	['dœʏkən]
vela (f)	zeilen (het)	['zɛjlən]
tiro (m) con arco	boogschieten (het)	['bōx·'sxitən]
tiempo (m)	helft (de)	[hɛlft]
descanso (m)	pauze (de)	['pauzə]
empate (m)	gelijkspel (het)	[xə'lɛjk·spɛl]
empatar (vi)	in gelijk spel eindigen	[in xə'lɛjk spɛl 'ɛjndixən]
cinta (f) de correr	loopband (de)	['lōp·bant]
jugador (m)	speler (de)	['spelər]
reserva (m)	reservespeler (de)	[re'zɛrvə·'spelər]
banquillo (m) de reserva	reservebank (de)	[re'zɛrvə·bank]
match (m)	match, wedstrijd (de)	[matʃ], ['wɛtstrɛjt]
puerta (f)	doel (het)	[dul]
portero (m)	doelman (de)	['dulman]
gol (m)	goal (de)	[gōl]
Juegos (m pl) Olímpicos	Olympische Spelen	[ɔ'limpisə 'spelən]
establecer un record	een record breken	[en re'kɔr 'brekən]
final (m)	finale (de)	[fi'nalə]
campeón (m)	kampioen (de)	[kam'pjun]
campeonato (m)	kampioenschap (het)	[kam'pjunsxap]
vencedor (m)	winnaar (de)	['winār]
victoria (f)	overwinning (de)	[ɔvər'winiŋ]
ganar (vi)	winnen	['winən]
perder (vi)	verliezen	[vər'lizən]
medalla (f)	medaille (de)	[me'dajə]
primer puesto (m)	eerste plaats (de)	['ērstə plāts]
segundo puesto (m)	tweede plaats (de)	['twēdə plāts]
tercer puesto (m)	derde plaats (de)	['dɛrdə plāts]
estadio (m)	stadion (het)	[stadi'ɔn]
hincha (m)	fan, supporter (de)	[fan], [sʉ'pɔrtər]
entrenador (m)	trainer, coach (de)	['trɛnər], [kɔtʃ]
entrenamiento (m)	training (de)	['trɛjniŋ]

17. Los idiomas extranjeros. La ortografía

lengua (f)	taal (de)	[tāl]
estudiar (vt)	leren	['lerən]

pronunciación (f)	uitspraak (de)	['œʏtsprāk]
acento (m)	accent (het)	[ak'sɛnt]
sustantivo (m)	zelfstandig naamwoord (het)	[zɛlf'standix 'nāmwõrt]
adjetivo (m)	bijvoeglijk naamwoord (het)	[bɛj'fuxlək 'nāmwõrt]
verbo (m)	werkwoord (het)	['wɛrk·vɔrt]
adverbio (m)	bijwoord (het)	['bɛj·wõrt]
pronombre (m)	voornaamwoord (het)	['võrnām·wõrt]
interjección (f)	tussenwerpsel (het)	['tʉsən·'wɛrpsəl]
preposición (f)	voorzetsel (het)	['võrzɛtsəl]
raíz (f), radical (m)	stam (de)	[stam]
desinencia (f)	achtervoegsel (het)	['axtər·vuxsəl]
prefijo (m)	voorvoegsel (het)	['võr·vuxsəl]
sílaba (f)	lettergreep (de)	['lɛtər·xrẽp]
sufijo (m)	achtervoegsel (het)	['axtər·vuxsəl]
acento (m)	nadruk (de)	['nadrʉk]
punto (m)	punt (de)	[pʉnt]
coma (m)	komma (de/het)	['kɔma]
dos puntos (m pl)	dubbelpunt (de)	['dʉbəl·pʉnt]
puntos (m pl) suspensivos	beletselteken (het)	[bə'lɛtsel·'tekən]
pregunta (f)	vraag (de)	[vrāx]
signo (m) de interrogación	vraagteken (het)	['vrāx·tekən]
signo (m) de admiración	uitroepteken (het)	['œʏtrup·tekən]
entre comillas	tussen aanhalingstekens	['tʉsən 'ānhaliŋ's·tekəns]
entre paréntesis	tussen haakjes	['tʉsən 'hākjəs]
letra (f)	letter (de)	['lɛtər]
letra (f) mayúscula	hoofdletter (de)	[hõft·'lɛtər]
oración (f)	zin (de)	[zin]
combinación (f) de palabras	woordgroep (de)	['wõrt·xrup]
expresión (f)	uitdrukking (de)	['œʏdrykiŋ]
sujeto (m)	onderwerp (het)	['ɔndərwɛrp]
predicado (m)	gezegde (het)	[xə'zɛxdə]
línea (f)	regel (de)	['rexəl]
párrafo (m)	alinea (de)	[a'linɛa]
sinónimo (m)	synoniem (het)	[sinɔ'nim]
antónimo (m)	antoniem (het)	[antɔ'nim]
excepción (f)	uitzondering (de)	['œʏtzɔndəriŋ]
subrayar (vt)	onderstrepen	['ɔndər'strepən]
reglas (f pl)	regels	['rexəls]
gramática (f)	grammatica (de)	[xra'matika]

vocabulario (m)	**vocabulaire (het)**	[vɔkabʉ'lɛːr]
fonética (f)	**fonetiek (de)**	[fɔnɛ'tik]
alfabeto (m)	**alfabet (het)**	['alfabət]
manual (m)	**leerboek (het)**	['lēr·buk]
diccionario (m)	**woordenboek (het)**	['wōrdən·buk]
guía (f) de conversación	**taalgids (de)**	['tāl·xits]
palabra (f)	**woord (het)**	[wōrt]
significado (m)	**betekenis (de)**	[bə'tekənis]
memoria (f)	**geheugen (het)**	[xə'høxən]

18. La Tierra. La geografía

Tierra (f)	**Aarde (de)**	['ārdə]
globo (m) terrestre	**aardbol (de)**	['ārd·bɔl]
planeta (m)	**planeet (de)**	[pla'nēt]
geografía (f)	**aardrijkskunde (de)**	['ārdrɛjkskʉndə]
naturaleza (f)	**natuur (de)**	[na'tūr]
mapa (m)	**kaart (de)**	[kārt]
atlas (m)	**atlas (de)**	['atlas]
en el norte	**in het noorden**	[in ət 'nōrdən]
en el sur	**in het zuiden**	[in ət 'zœydən]
en el oeste	**in het westen**	[in ət 'wɛstən]
en el este	**in het oosten**	[in ət 'ōstən]
mar (m)	**zee (de)**	[zē]
océano (m)	**oceaan (de)**	[ɔse'ān]
golfo (m)	**golf (de)**	[xɔlf]
estrecho (m)	**straat (de)**	[strāt]
continente (m)	**continent (het)**	[kɔnti'nɛnt]
isla (f)	**eiland (het)**	['ɛjlant]
península (f)	**schiereiland (het)**	['sxir·ɛjlant]
archipiélago (m)	**archipel (de)**	[arxipɛl]
ensenada, bahía (f)	**haven (de)**	['havən]
arrecife (m) de coral	**koraalrif (het)**	[kɔ'rāl·rif]
orilla (f)	**oever (de)**	['uvər]
costa (f)	**kust (de)**	[kʉst]
flujo (m)	**vloed (de)**	['vlut]
reflujo (m)	**eb (de)**	[ɛb]
latitud (f)	**breedtegraad (de)**	['brētə·xrāt]
longitud (f)	**lengtegraad (de)**	['lɛŋtə·xrāt]
paralelo (m)	**parallel (de)**	[para'lɛl]
ecuador (m)	**evenaar (de)**	['ɛvənār]

cielo (m)	hemel (de)	['heməl]
horizonte (m)	horizon (de)	['hɔrizɔn]
atmósfera (f)	atmosfeer (de)	[atmɔ'sfēr]
montaña (f)	berg (de)	[bɛrx]
cima (f)	bergtop (de)	['bɛrx·tɔp]
roca (f)	klip (de)	[klip]
colina (f)	heuvel (de)	['høvəl]
volcán (m)	vulkaan (de)	[vʉl'kān]
glaciar (m)	gletsjer (de)	['xletʃər]
cascada (f)	waterval (de)	['watər·val]
llanura (f)	vlakte (de)	['vlaktə]
río (m)	rivier (de)	[ri'vir]
manantial (m)	bron (de)	[brɔn]
ribera (f)	oever (de)	['uvər]
río abajo (adv)	stroomafwaarts	[strōm·'afwārts]
río arriba (adv)	stroomopwaarts	[strōm·'ɔpwārts]
lago (m)	meer (het)	[mēr]
presa (f)	dam (de)	[dam]
canal (m)	kanaal (het)	[ka'nāl]
pantano (m)	moeras (het)	[mu'ras]
hielo (m)	ijs (het)	[ɛjs]

19. Los países. Unidad 1

Europa (f)	Europa (het)	[ø'rɔpa]
Unión (f) Europea	Europese Unie (de)	[ørɔ'pezə 'juni]
europeo (m)	Europeaan (de)	[ørɔpe'ān]
europeo (adj)	Europees	[ørɔ'pēs]
Austria (f)	Oostenrijk (het)	['ōstənrɛjk]
Gran Bretaña (f)	Groot-Brittannië (het)	[xrōt-bri'taniə]
Inglaterra (f)	Engeland (het)	['ɛŋɛlant]
Bélgica (f)	België (het)	['bɛlxiə]
Alemania (f)	Duitsland (het)	['dœytslant]
Países Bajos (m pl)	Nederland (het)	['nedərlant]
Holanda (f)	Holland (het)	['hɔlant]
Grecia (f)	Griekenland (het)	['xrikənlant]
Dinamarca (f)	Denemarken (het)	['denəmarkən]
Irlanda (f)	Ierland (het)	['īrlant]
Islandia (f)	IJsland (het)	['ɛjslant]
España (f)	Spanje (het)	['spanjə]
Italia (f)	Italië (het)	[i'taliə]
Chipre (m)	Cyprus (het)	['siprʉs]
Malta (f)	Malta (het)	['malta]

Noruega (f)	Noorwegen (het)	['nōrwexən]
Portugal (m)	Portugal (het)	[portʉxal]
Finlandia (f)	Finland (het)	['finlant]
Francia (f)	Frankrijk (het)	['frankrɛjk]
Suecia (f)	Zweden (het)	['zwedən]
Suiza (f)	Zwitserland (het)	['zwitsərlant]
Escocia (f)	Schotland (het)	['sxɔtlant]
Vaticano (m)	Vaticaanstad (de)	[vati'kãn·stat]
Liechtenstein (m)	Liechtenstein (het)	['lixtɛnstɛjn]
Luxemburgo (m)	Luxemburg (het)	['lʉksɛmbʉrx]
Mónaco (m)	Monaco (het)	[mɔ'nakɔ]
Albania (f)	Albanië (het)	[al'baniə]
Bulgaria (f)	Bulgarije (het)	[bʉlxa'rɛjə]
Hungría (f)	Hongarije (het)	[hɔnxa'rɛjə]
Letonia (f)	Letland (het)	['lɛtlant]
Lituania (f)	Litouwen (het)	[li'tauən]
Polonia (f)	Polen (het)	['pɔlən]
Rumania (f)	Roemenië (het)	[ru'meniə]
Serbia (f)	Servië (het)	['sɛrviə]
Eslovaquia (f)	Slowakije (het)	[slɔwa'kɛjə]
Croacia (f)	Kroatië (het)	[krɔ'asiə]
Chequia (f)	Tsjechië (het)	['tʃɛxiə]
Estonia (f)	Estland (het)	['ɛstlant]
Bosnia y Herzegovina	Bosnië en Herzegovina (het)	['bɔsniə ən hɛrzə'xɔvina]
Macedonia	Macedonië (het)	[make'dɔniə]
Eslovenia	Slovenië (het)	[slɔ'vɛniə]
Montenegro (m)	Montenegro (het)	[mɔntə'nɛxrɔ]
Bielorrusia (f)	Wit-Rusland (het)	[wit-'rʉslant]
Moldavia (f)	Moldavië (het)	[mɔl'daviə]
Rusia (f)	Rusland (het)	['rʉslant]
Ucrania (f)	Oekraïne (het)	[ukra'inə]

20. Los países. Unidad 2

Asia (f)	Azië (het)	['ãzijə]
Vietnam (m)	Vietnam (het)	[vjet'nam]
India (f)	India (het)	['india]
Israel (m)	Israël (het)	['israɛl]
China (f)	China (het)	['ʃina]
Líbano (m)	Libanon (het)	['libanɔn]
Mongolia (f)	Mongolië (het)	[mɔn'xɔliə]
Malasia (f)	Maleisië (het)	[ma'lɛjziə]
Pakistán (m)	Pakistan (het)	['pakistan]

Arabia (f) Saudita	Saoedi-Arabië (het)	[sa'udi-a'rabiə]
Tailandia (f)	Thailand (het)	['tailant]
Taiwán (m)	Taiwan (het)	[taj'wan]
Turquía (f)	Turkije (het)	[tʉr'kɛjə]
Japón (m)	Japan (het)	[ja'pan]
Afganistán (m)	Afghanistan (het)	[af'xanistan]
Bangladesh (m)	Bangladesh (het)	[banhla'dɛʃ]
Indonesia (f)	Indonesië (het)	[indɔ'nɛsiə]
Jordania (f)	Jordanië (het)	[jor'daniə]
Irak (m)	Irak (het)	[i'rak]
Irán (m)	Iran (het)	[i'ran]
Camboya (f)	Cambodja (het)	[kam'bɔdja]
Kuwait (m)	Koeweit (het)	[ku'wɛjt]
Laos (m)	Laos (het)	['laɔs]
Myanmar (m)	Myanmar (het)	['mjanmar]
Nepal (m)	Nepal (het)	[ne'pal]
Emiratos (m pl) Árabes Unidos	Verenigde Arabische Emiraten	[və'rɛnixdə a'rabisə ɛmi'ratən]
Siria (f)	Syrië (het)	['siriə]
Palestina (f)	Palestijnse autonomie (de)	[pale'stɛjnsə autɔnɔ'mi]
Corea (f) del Sur	Zuid-Korea (het)	['zœyd-kɔ'rea]
Corea (f) del Norte	Noord-Korea (het)	[nõrd-kɔ'rea]
Estados Unidos de América	Verenigde Staten van Amerika	[və'rɛnixdə 'statən van a'merika]
Canadá (f)	Canada (het)	['kanada]
Méjico (m)	Mexico (het)	['meksikɔ]
Argentina (f)	Argentinië (het)	[arxɛn'tiniə]
Brasil (m)	Brazilië (het)	[bra'ziliə]
Colombia (f)	Colombia (het)	[kɔ'lɔmbia]
Cuba (f)	Cuba (het)	['kʉba]
Chile (m)	Chili (het)	['ʃili]
Venezuela (f)	Venezuela (het)	[venəzʉ'ɛla]
Ecuador (m)	Ecuador (het)	[ɛkwa'dɔr]
Islas (f pl) Bahamas	Bahama's	[ba'hamas]
Panamá (f)	Panama (het)	['panama]
Egipto (m)	Egypte (het)	[ɛ'xiptə]
Marruecos (m)	Marokko (het)	[ma'rɔkɔ]
Túnez (m)	Tunesië (het)	[tʉ'nɛziə]
Kenia (f)	Kenia (het)	['kenia]
Libia (f)	Libië (het)	['libiə]
República (f) Sudafricana	Zuid-Afrika (het)	['zœyd-'afrika]
Australia (f)	Australië (het)	[ɔu'straliə]
Nueva Zelanda (f)	Nieuw-Zeeland (het)	[niu-'zēlant]

21. El tiempo. Los desastres naturales

tiempo (m)	weer (het)	[wĕr]
previsión (f) del tiempo	weersvoorspelling (de)	['wĕrs·vōr'spɛliŋ]
temperatura (f)	temperatuur (de)	[tɛmpəra'tūr]
termómetro (m)	thermometer (de)	['tɛrmɔmetər]
barómetro (m)	barometer (de)	['barɔ'metər]
sol (m)	zon (de)	[zɔn]
brillar (vi)	schijnen	['sxɛjnən]
soleado (un día ~)	zonnig	['zɔnɛx]
elevarse (el sol)	opgaan	['ɔpxān]
ponerse (vr)	ondergaan	['ɔndərxān]
lluvia (f)	regen (de)	['rexən]
está lloviendo	het regent	[ət 'rexənt]
aguacero (m)	plensbui (de)	['plɛnsbœy]
nubarrón (m)	regenwolk (de)	['rexən·wɔlk]
charco (m)	plas (de)	[plas]
mojarse (vr)	nat worden	[nat 'wɔrdən]
tormenta (f)	noodweer (het)	['nɔtwer]
relámpago (m)	bliksem (de)	['bliksəm]
relampaguear (vi)	flitsen	['flitsən]
trueno (m)	donder (de)	['dɔndər]
está tronando	het dondert	[ət 'dɔndərt]
granizo (m)	hagel (de)	['haxəl]
está granizando	het hagelt	[ət 'haxəlt]
bochorno (m)	hitte (de)	['hitə]
hace mucho calor	het is heet	[ət is hĕt]
hace calor (templado)	het is warm	[ət is warm]
hace frío	het is koud	[ət is 'kaut]
niebla (f)	mist (de)	[mist]
nebuloso (adj)	mistig	['mistəx]
nube (f)	wolk (de)	[wɔlk]
nuboso (adj)	bewolkt	[bə'wɔlkt]
humedad (f)	vochtigheid (de)	['vɔhtixhɛjt]
nieve (f)	sneeuw (de)	[snĕw]
está nevando	het sneeuwt	[ət 'snĕwt]
helada (f)	vorst (de)	[vɔrst]
bajo cero (adv)	onder nul	['ɔndər nʉl]
escarcha (f)	rijp (de)	[rɛjp]
mal tiempo (m)	onweer (het)	['ɔnwĕr]
catástrofe (f)	ramp (de)	[ramp]
inundación (f)	overstroming (de)	[ɔvər'strɔmiŋ]
avalancha (f)	lawine (de)	[la'winə]
terremoto (m)	aardbeving (de)	['ārd·beviŋ]

sacudida (f)	aardschok (de)	['ārd·sxɔk]
epicentro (m)	epicentrum (het)	[ɛpi'sɛntrʉm]
erupción (f)	uitbarsting (de)	['œytbarstiŋ]
lava (f)	lava (de)	['lava]

tornado (m)	windhoos (de)	['windhōs]
torbellino (m)	wervelwind (de)	['wɛrvəl·vint]
huracán (m)	orkaan (de)	[ɔr'kān]
tsunami (m)	tsunami (de)	[tsʉ'nami]
ciclón (m)	cycloon (de)	[si'klōn]

22. Los animales. Unidad 1

| animal (m) | dier (het) | [dīr] |
| carnívoro (m) | roofdier (het) | ['rōf·dīr] |

tigre (m)	tijger (de)	['tɛjxər]
león (m)	leeuw (de)	[lēw]
lobo (m)	wolf (de)	[wɔlf]
zorro (m)	vos (de)	[vɔs]
jaguar (m)	jaguar (de)	['jaguar]

lince (m)	lynx (de)	[links]
coyote (m)	coyote (de)	[kɔ'jot]
chacal (m)	jakhals (de)	['jakhals]
hiena (f)	hyena (de)	[hi'ena]

ardilla (f)	eekhoorn (de)	['ēkhōrn]
erizo (m)	egel (de)	['exəl]
conejo (m)	konijn (het)	[kɔ'nɛjn]
mapache (m)	wasbeer (de)	['wasbēr]

hámster (m)	hamster (de)	['hamstər]
topo (m)	mol (de)	[mɔl]
ratón (m)	muis (de)	[mœys]
rata (f)	rat (de)	[rat]
murciélago (m)	vleermuis (de)	['vlēr·mœys]

castor (m)	bever (de)	['bɛvər]
caballo (m)	paard (het)	[pārt]
ciervo (m)	hert (het)	[hɛrt]
camello (m)	kameel (de)	[ka'mēl]
cebra (f)	zebra (de)	['zɛbra]

ballena (f)	walvis (de)	['walvis]
foca (f)	rob (de)	[rɔb]
morsa (f)	walrus (de)	['walrʉs]
delfín (m)	dolfijn (de)	[dɔl'fɛjn]
oso (m)	beer (de)	[bēr]
mono (m)	aap (de)	[āp]

elefante (m)	olifant (de)	['ɔlifant]
rinoceronte (m)	neushoorn (de)	['nøshõrn]
jirafa (f)	giraffe (de)	[xi'rafə]

hipopótamo (m)	nijlpaard (het)	['nɛjl·pãrt]
canguro (m)	kangoeroe (de)	['kanxəru]
gata (f)	poes (de)	[pus]
perro (m)	hond (de)	[hɔnt]

vaca (f)	koe (de)	[ku]
toro (m)	bul, stier (de)	[bʉl], [stir]
oveja (f)	schaap (het)	[sxãp]
cabra (f)	geit (de)	[xɛjt]

asno (m)	ezel (de)	['ezəl]
cerdo (m)	varken (het)	['varkən]
gallina (f)	kip (de)	[kip]
gallo (m)	haan (de)	[hãn]

pato (m)	eend (de)	[ēnt]
ganso (m)	gans (de)	[xans]
pava (f)	kalkoen (de)	[kal'kun]
perro (m) pastor	herdershond (de)	['hɛrdərs·hɔnt]

23. Los animales. Unidad 2

pájaro (m)	vogel (de)	['vɔxəl]
paloma (f)	duif (de)	['dœɣf]
gorrión (m)	mus (de)	[mʉs]
carbonero (m)	koolmees (de)	['kõlmēs]
urraca (f)	ekster (de)	['ɛkstər]

águila (f)	arend (de)	['arənt]
azor (m)	havik (de)	['havik]
halcón (m)	valk (de)	[valk]

cisne (m)	zwaan (de)	[zwãn]
grulla (f)	kraanvogel (de)	['krãn·vɔxəl]
cigüeña (f)	ooievaar (de)	['õjevãr]
loro (m), papagayo (m)	papegaai (de)	[papə'xãj]
pavo (m) real	pauw (de)	['pau]
avestruz (m)	struisvogel (de)	['strœɣs·vɔxəl]

garza (f)	reiger (de)	['rɛjxər]
ruiseñor (m)	nachtegaal (de)	['nahtəxãl]
golondrina (f)	zwaluw (de)	['zwalʉv]
pájaro carpintero (m)	specht (de)	[spɛxt]
cuco (m)	koekoek (de)	['kukuk]
lechuza (f)	uil (de)	['œɣl]
pingüino (m)	pinguïn (de)	['piŋgwin]

atún (m)	tonijn (de)	[to'nɛjn]
trucha (f)	forel (de)	[fo'rɛl]
anguila (f)	paling (de)	[pa'liŋ]
tiburón (m)	haai (de)	[hãj]
centolla (f)	krab (de)	[krab]
medusa (f)	kwal (de)	['kwal]
pulpo (m)	octopus (de)	['ɔktɔpʉs]
estrella (f) de mar	zeester (de)	['zĕ·stər]
erizo (m) de mar	zee-egel (de)	[zĕ-'exəl]
caballito (m) de mar	zeepaardje (het)	['zĕ·pãrtjə]
camarón (m)	garnaal (de)	[xar'nãl]
serpiente (f)	slang (de)	[slaŋ]
víbora (f)	adder (de)	['adər]
lagarto (m)	hagedis (de)	['haxədis]
iguana (f)	leguaan (de)	[lexʉ'ãn]
camaleón (m)	kameleon (de)	[kamele'ɔn]
escorpión (m)	schorpioen (de)	[sxɔrpi'un]
tortuga (f)	schildpad (de)	['sxildpat]
rana (f)	kikker (de)	['kikər]
cocodrilo (m)	krokodil (de)	[krɔkɔ'dil]
insecto (m)	insect (het)	[in'sɛkt]
mariposa (f)	vlinder (de)	['vlindər]
hormiga (f)	mier (de)	[mir]
mosca (f)	vlieg (de)	[vlix]
mosquito (m) (picadura de ~)	mug (de)	[mʉx]
escarabajo (m)	kever (de)	['kevər]
abeja (f)	bij (de)	[bɛj]
araña (f)	spin (de)	[spin]
mariquita (f)	lieveheersbeestje (het)	[livə'hĕrs·'bestʃə]

24. Los árboles. Las plantas

árbol (m)	boom (de)	[bõm]
abedul (m)	berk (de)	[bɛrk]
roble (m)	eik (de)	[ɛjk]
tilo (m)	linde (de)	['lində]
pobo (m)	esp (de)	[ɛsp]
arce (m)	esdoorn (de)	['ɛsdõrn]
pícea (f)	spar (de)	[spar]
pino (m)	den (de)	[dɛn]
cedro (m)	ceder (de)	['sedər]
álamo (m)	populier (de)	[pɔpʉ'lir]
serbal (m)	lijsterbes (de)	['lɛjstərbɛs]

haya (f)	beuk (de)	['bøk]
olmo (m)	iep (de)	[jep]

fresno (m)	es (de)	[ɛs]
castaño (m)	kastanje (de)	[kas'tanjə]
palmera (f)	palm (de)	[palm]
mata (f)	struik (de)	['strœʏk]

seta (f)	paddenstoel (de)	['padənstul]
seta (f) venenosa	giftige paddenstoel (de)	['xiftixə 'padənstul]
seta calabaza (f)	eekhoorntjesbrood (het)	[ē'hɔntʃes·brōt]
rúsula (f)	russula (de)	[rʉ'sʉla]
matamoscas (m)	vliegenzwam (de)	['vlixən·zwam]
oronja (f) verde	groene knolamaniet (de)	['xrunə 'knɔl·ama'nit]
flor (f)	bloem (de)	[blum]
ramo (m) de flores	boeket (het)	[bu'kɛt]
rosa (f)	roos (de)	[rōs]
tulipán (m)	tulp (de)	[tʉlp]
clavel (m)	anjer (de)	['anjer]

manzanilla (f)	kamille (de)	[ka'milə]
cacto (m)	cactus (de)	['kaktʉs]
muguete (m)	lelietje-van-dalen (het)	['leljetʃe-van-'dalən]
campanilla (f) de las nieves	sneeuwklokje (het)	['snēw·'klɔkjə]
nenúfar (m)	waterlelie (de)	['watər·leli]

invernadero (m) tropical	oranjerie (de)	[ɔranʒɛ'ri]
césped (m)	gazon (het)	[xa'zɔn]
macizo (m) de flores	bloemperk (het)	['blum·pɛrk]
planta (f)	plant (de)	[plant]
hierba (f)	gras (het)	[xras]
hoja (f)	blad (het)	[blat]
pétalo (m)	bloemblad (het)	['blum·blat]
tallo (m)	stengel (de)	['stɛŋəl]
retoño (m)	scheut (de)	[sxøt]

cereales (m pl) (plantas)	graangewassen	['xrān·xɛ'wasən]
trigo (m)	tarwe (de)	['tarwə]
centeno (m)	rogge (de)	['rɔxə]
avena (f)	haver (de)	['havər]

mijo (m)	gierst (de)	[xirst]
cebada (f)	gerst (de)	[xɛrst]
maíz (m)	maïs (de)	[majs]
arroz (m)	rijst (de)	[rɛjst]

25. Varias palabras útiles

alto (m) (parada temporal)	stop (de)	[stɔp]
ayuda (f)	hulp (de)	[hʉlp]

balance (m)	**balans (de)**	[ba'lans]
base (f) (~ científica)	**basis (de)**	['bazis]
categoría (f)	**categorie (de)**	[katexɔ'ri]
coincidencia (f)	**samenvallen (het)**	['samənvalən]
comienzo (m) (principio)	**begin (het)**	[bə'xin]
comparación (f)	**vergelijking (de)**	[vɛrxə'lɛjkiŋ]
desarrollo (m)	**ontwikkeling (de)**	[ɔnt'wikəliŋ]
diferencia (f)	**onderscheid (het)**	['ɔndərsxɛjt]
efecto (m)	**effect (het)**	[ɛ'fɛkt]
ejemplo (m)	**voorbeeld (het)**	['võrbēlt]
variedad (f) (selección)	**keuze (de)**	['køzə]
elemento (m)	**element (het)**	[ɛle'mɛnt]
error (m)	**fout (de)**	['faut]
esfuerzo (m)	**inspanning (de)**	['inspaniŋ]
estándar (adj)	**standaard**	['standārt]
estilo (m)	**stijl (de)**	[stɛjl]
forma (f) (contorno)	**vorm (de)**	[vɔrm]
grado (m) (en mayor ~)	**graad (de)**	[xrāt]
hecho (m)	**feit (het)**	[fɛjt]
ideal (m)	**ideaal (het)**	[ide'āl]
modo (m) (de otro ~)	**manier (de)**	[ma'nir]
momento (m)	**moment (het)**	[mɔ'mɛnt]
obstáculo (m)	**hinderpaal (de)**	['hindərpāl]
parte (f)	**deel (het)**	[dēl]
pausa (f)	**pauze (de)**	['pauzə]
posición (f)	**positie (de)**	[pɔ'zitsi]
problema (m)	**probleem (het)**	[prɔ'blēm]
proceso (m)	**proces (het)**	[prɔ'sɛs]
progreso (m)	**voortgang (de)**	['võrtxaŋ]
propiedad (f) (cualidad)	**eigenschap (de)**	['ɛjxənsxap]
reacción (f)	**reactie (de)**	[re'aksi]
riesgo (m)	**risico (het)**	['rizikɔ]
secreto (m)	**geheim (het)**	[xə'hɛjm]
serie (f)	**serie (de)**	['seri]
sistema (m)	**systeem (het)**	[si'stēm]
situación (f)	**situatie (de)**	[sitʉ'atsi]
solución (f)	**oplossing (de)**	['ɔplɔsiŋ]
tabla (f) (~ de multiplicar)	**tabel (de)**	[ta'bɛl]
tempo (m) (ritmo)	**tempo (het)**	['tɛmpɔ]
término (m)	**term (de)**	[tɛrm]
tipo (m)	**soort** (de/het)	[sõrt]
(p.ej. ~ de deportes)		
turno (m) (esperar su ~)	**beurt (de)**	['børt]
urgente (adj)	**dringend**	['driŋənt]
utilidad (f)	**nut (het)**	[nʉt]

variante (f)	variant (de)	[vari'ant]
verdad (f)	waarheid (de)	['wārhɛjt]
zona (f)	zone (de)	['zɔnə]

26. Los adjetivos. Unidad 1

abierto (adj)	open	['ɔpən]
adicional (adj)	additioneel	[aditsjo'nēl]
agrio (sabor ~)	zuur	[zūr]
agudo (adj)	scherp	[sxɛrp]
amargo (adj)	bitter	['bitər]

amplio (~a habitación)	ruim	[rœɣm]
antiguo (adj)	eeuwenoude	[ēwə'naudə]
arriesgado (adj)	riskant	[ris'kant]
artificial (adj)	kunstmatig	[kʉnst'matəx]
azucarado, dulce (adj)	zoet	[zut]

bajo (voz ~a)	zacht	[zaxt]
bello (hermoso)	mooi	[mōj]
blando (adj)	zacht	[zaxt]
bronceado (adj)	gebruind	[xə'brœɣnt]
central (adj)	centraal	[sɛn'trāl]

ciego (adj)	blind	[blint]
clandestino (adj)	ondergronds	['ɔndər'xrɔnts]
compatible (adj)	verenigbaar	[və'rɛnixbār]
congelado (pescado ~)	diepvries	['dip·vris]
contento (adj)	tevreden	[təv'redən]
continuo (adj)	langdurig	[laŋ'dʉrəx]

cortés (adj)	beleefd	[bə'lēft]
corto (adj)	kort	[kɔrt]
crudo (huevos ~s)	rauw	['rau]
de segunda mano	tweedehands	[twēdə'hants]
denso (~a niebla)	dicht	[dixt]

derecho (adj)	rechter	['rɛxtər]
difícil (decisión)	moeilijk	['mujlək]
dulce (agua ~)	zoet	[zut]
duro (material, etc.)	hard	[hart]
enfermo (adj)	ziek	[zik]

enorme (adj)	enorm	[ɛ'nɔrm]
especial (adj)	speciaal	[speʃi'āl]
estrecho (calle, etc.)	smal	[smal]
exacto (adj)	precies	[prə'sis]
excelente (adj)	uitstekend	['œɣtstekənt]
excesivo (adj)	overdreven	[ɔvər'drevən]
exterior (adj)	buiten-	['bœɣtən]

fácil (adj)	eenvoudig	[ēn'vaudəx]
feliz (adj)	gelukkig	[xə'lʉkəx]
fértil (la tierra ~)	vruchtbaar	['vrʉxtbār]
frágil (florero, etc.)	breekbaar	['brēkbār]

fuerte (~ voz)	luid	['lœyt]
fuerte (adj)	sterk	[stɛrk]
grande (en dimensiones)	groot	[xrōt]
gratis (adj)	gratis	['xratis]
importante (adj)	belangrijk	[bə'lanxrɛjk]

infantil (adj)	kinder-	['kindər]
inmóvil (adj)	onbeweeglijk	[ɔnbə'wēxlək]
inteligente (adj)	slim	[slim]
interior (adj)	binnen-	['binən]
izquierdo (adj)	linker	['linkər]

27. Los adjetivos. Unidad 2

largo (camino)	lang	[laŋ]
legal (adj)	wettelijk	['wɛtələk]
ligero (un metal ~)	licht	[lixt]
limpio (camisa ~)	schoon	[sxōn]
líquido (adj)	vloeibaar	['vlujbār]

liso (piel, pelo, etc.)	glad	[xlat]
lleno (adj)	vol	[vɔl]
maduro (fruto, etc.)	rijp	[rɛjp]
malo (adj)	slecht	[slɛxt]
mate (sin brillo)	mat	[mat]

misterioso (adj)	mysterieus	[mistɛ'røs]
muerto (adj)	dood	[dōt]
natal (país ~)	geboorte-	[xə'bōrtə]
negativo (adj)	ontkennend	[ɔnt'kɛnənt]
no difícil (adj)	niet moeilijk	[nit 'mujlək]

normal (adj)	normaal	[nɔr'māl]
nuevo (adj)	nieuw	[niu]
obligatorio (adj)	verplicht	[vər'plixt]
opuesto (adj)	tegenovergesteld	['texən·'ovərxəstɛlt]
ordinario (adj)	gewoon	[xə'wōn]

original (inusual)	origineel	[ɔriʒi'nēl]
peligroso (adj)	gevaarlijk	[xe'vārlək]
pequeño (adj)	klein	[klɛjn]
perfecto (adj)	uitstekend	['œytstekənt]
personal (adj)	persoonlijk	[pɛr'sōnlək]
pobre (adj)	arm	[arm]
poco claro (adj)	onduidelijk	[ɔn'dœydələk]

poco profundo (adj)	ondiep	[ɔn'dip]
posible (adj)	mogelijk	['mɔxələk]
principal (~ idea)	voornaamste	[võr'nãmstə]
principal (la entrada ~)	hoofd-	[hõft]

probable (adj)	waarschijnlijk	[wãr'sxɛjnlək]
público (adj)	openbaar	[ɔpən'bãr]
rápido (adj)	snel	[snɛl]
raro (adj)	zeldzaam	['zɛldzãm]
recto (línea ~a)	recht	[rɛxt]

sabroso (adj)	lekker	['lɛkər]
siguiente (avión, etc.)	volgend	['vɔlxənt]
similar (adj)	gelijkend	[xə'lɛjkənt]
sólido (~a pared)	stevig	['stevəx]
sucio (no limpio)	vuil	[vœyl]
tonto (adj)	dom	[dɔm]

triste (mirada ~)	droevig	['druvəx]
último (~a oportunidad)	laatst	[lãtst]
último (~a vez)	vorig	['vɔrəx]
vacío (vaso medio ~)	leeg	[lẽx]
viejo (casa ~a)	oud	['aut]

28. Los verbos. Unidad 1

abrir (vt)	openen	['ɔpənən]
acabar, terminar (vt)	beëindigen	[be'ɛjndəxən]
acusar (vt)	beschuldigen	[bə'sxʉldəxən]
agradecer (vt)	danken	['dankən]
almorzar (vi)	lunchen	['lʉnʃən]
alquilar (~ una casa)	huren	['hʉrən]

anular (vt)	afzeggen	['afzɛxən]
anunciar (vt)	aankondigen	['ãnkɔndəxən]
apagar (vt)	uitdoen	['œytdun]
autorizar (vt)	toestaan	['tustãn]
ayudar (vt)	helpen	['hɛlpən]

bailar (vi, vt)	dansen	['dansən]
beber (vi, vt)	drinken	['drinkən]
borrar (vt)	verwijderen	[vər'wɛjdərən]
bromear (vi)	grappen maken	['xrapən 'makən]
bucear (vi)	duiken	['dœykən]
caer (vi)	vallen	['valən]

cambiar (vt)	veranderen	[və'randərən]
cantar (vi)	fluiten, zingen	['flœytən], ['ziŋən]
cavar (vt)	graven	['xravən]
cazar (vi, vt)	jagen	['jaxən]

cenar (vi)	souperen	[su'perən]
cerrar (vt)	sluiten	['slœʏtən]
cesar (vt)	ophouden	['ɔphaudən]
coger (vt)	vangen	['vaŋən]
comenzar (vt)	beginnen	[bə'xinən]
comer (vi, vt)	eten	['etən]
comparar (vt)	vergelijken	[vɛrxə'lɛjkən]
comprar (vt)	kopen	['kɔpən]
comprender (vt)	begrijpen	[bə'xrɛjpən]
confiar (vt)	vertrouwen	[vər'trauwən]
confirmar (vt)	bevestigen	[bə'vɛstixən]
conocer (~ a alguien)	kennen	['kɛnən]
construir (vt)	bouwen	['bauwən]
contar (una historia)	vertellen	[vər'tɛlən]
contar (vt) (enumerar)	tellen	['tɛlən]
contar con ...	rekenen op ...	['rekənən ɔp]
copiar (vt)	kopiëren	[kɔpi'erən]
correr (vi)	rennen	['renən]
costar (vt)	kosten	['kɔstən]
crear (vt)	creëren	[kre'jerən]
creer (en Dios)	geloven	[xə'lɔvən]
dar (vt)	geven	['xevən]
decidir (vt)	beslissen	[bə'slisən]
decir (vt)	zeggen	['zexən]
dejar caer	laten vallen	['latən 'valən]
depender de ...	afhangen van ...	['afhaŋən van]
desaparecer (vi)	verdwijnen	[vərd'wɛjnən]
desayunar (vi)	ontbijten	[ɔn'bɛjtən]
despreciar (vt)	minachten	['minaxtən]
disculpar (vt)	excuseren	[ɛkskʉ'zerən]
disculparse (vr)	zich verontschuldigen	[zih vəront'sxʉldəxən]
discutir (vt)	bespreken	[bə'sprekən]
divorciarse (vr)	scheiden	['sxɛjdən]
dudar (vt)	twijfelen	['twɛjfelən]

29. Los verbos. Unidad 2

encender (vt)	aandoen	['āndun]
encontrar (hallar)	vinden	['vindən]
encontrarse (vr)	ontmoeten	[ɔnt'mutən]
engañar (vi, vt)	bedriegen	[bə'drixən]
enviar (vt)	sturen	['stʉrən]
equivocarse (vr)	zich vergissen	[zih vər'xisən]
escoger (vt)	kiezen	['kizən]
esconder (vt)	verbergen	[vər'bɛrxən]

escribir (vt)	schrijven	['sxrɛjvən]
esperar (aguardar)	wachten	['waxtən]
esperar (tener esperanza)	hopen	['hɔpən]
estar ausente	absent zijn	[ap'sɛnt zɛjn]
estar cansado	vermoeid raken	[vər'mujt 'rakən]
estar de acuerdo	instemmen	['instɛmən]
estudiar (vt)	studeren	[stʉ'derən]
exigir (vt)	eisen	['ɛjsən]
existir (vi)	existeren	[ɛksis'tɛrən]
explicar (vt)	verklaren	[vər'klarən]
faltar (a las clases)	verzuimen	[vər'zœymən]
felicitar (vt)	feliciteren	[felisi'terən]
firmar (~ el contrato)	ondertekenen	['ɔndər'tekənən]
girar (~ a la izquierda)	afslaan	['afslān]
gritar (vi)	schreeuwen	['sxrẽwən]
guardar (conservar)	bewaren	[bə'warən]
gustar (vi)	bevallen	[bə'valən]
hablar (vi, vt)	spreken	['sprekən]
hablar con …	spreken met …	['sprekən mɛt]
hacer (vt)	doen	[dun]
hacer la limpieza	schoonmaken	['sxōn·makən]
insistir (vi)	aandringen	['āndriŋən]
insultar (vt)	beledigen	[bə'ledəxən]
invitar (vt)	uitnodigen	['œytnɔdixən]
ir (a pie)	gaan	[xān]
jugar (divertirse)	spelen	['spelən]
leer (vi, vt)	lezen	['lezən]
llegar (vi)	aankomen	['ānkɔmən]
llorar (vi)	huilen	['hœylən]
matar (vt)	doden	['dɔdən]
mirar a …	kijken naar …	['kɛjkən nār]
molestar (vt)	storen	['stɔrən]
morir (vi)	sterven	['stɛrvən]
mostrar (vt)	tonen	['tɔnən]
nacer (vi)	geboren worden	[xə'bɔrən 'wɔrdən]
nadar (vi)	zwemmen	['zwɛmən]
negar (vt)	ontkennen	[ɔnt'kɛnən]
obedecer (vi, vt)	gehoorzamen	[xə'hōrzamən]
odiar (vt)	haten	['hatən]
oír (vt)	horen	['hɔrən]
olvidar (vt)	vergeten	[vər'xetən]
orar (vi)	bidden	['bidən]

30. Los verbos. Unidad 3

pagar (vi, vt)	betalen	[bə'talən]
participar (vi)	deelnemen	['dēlnemən]
pegar (golpear)	slaan	[slãn]
pelear (vi)	vechten	['vɛxtən]
pensar (vi, vt)	denken	['dɛnkən]
perder (paraguas, etc.)	verliezen	[vər'lizən]
perdonar (vt)	vergeven	[vər'xevən]
pertenecer a ...	toebehoren aan ...	['tubəhɔrən ãn]
poder (v aux)	kunnen	['kʉnən]
poder (v aux)	kunnen	['kʉnən]
preguntar (vt)	vragen	['vraxən]
preparar (la cena)	bereiden	[bə'rɛjdən]
prever (vt)	voorzien	[võr'zin]
probar (vt)	bewijzen	[bə'wɛjzən]
prohibir (vt)	verbieden	[vər'bidən]
prometer (vt)	beloven	[bə'lɔvən]
proponer (vt)	voorstellen	['võrstɛlən]
quebrar (vt)	breken	['brekən]
quejarse (vr)	klagen	['klaxən]
querer (amar)	liefhebben	['lifhɛbən]
querer (desear)	willen	['wilən]
recibir (vt)	ontvangen	[ɔnt'faŋən]
repetir (vt)	herhalen	[hɛr'halən]
reservar (~ una mesa)	reserveren	[rezɛr'verən]
responder (vi, vt)	antwoorden	['antwõrdən]
robar (vt)	stelen	['stelən]
saber (~ algo mas)	weten	['wetən]
salvar (vt)	redden	['rɛdən]
secar (ropa, pelo)	drogen	['drɔxən]
sentarse (vr)	gaan zitten	[xãn 'zitən]
sonreír (vi)	glimlachen	['xlimlahən]
tener (vt)	hebben	['hɛbən]
tener miedo	bang zijn	['baŋ zɛjn]
tener prisa	zich haasten	[zix 'hãstən]
tener prisa	zich haasten	[zix 'hãstən]
terminar (vt)	beëindigen	[be'ɛjndəxən]
tirar, disparar (vi)	schieten	['sxitən]
tomar (vt)	nemen	['nemən]
trabajar (vi)	werken	['wɛrkən]
traducir (vt)	vertalen	[vər'talən]
tratar (de hacer algo)	proberen	[prɔ'berən]
vender (vt)	verkopen	[vɛr'kɔpən]

ver (vt)	**zien**	[zin]
verificar (vt)	**checken**	['ʧɛkən]
volar (pájaro, avión)	**vliegen**	['vlixən]

www.ingramcontent.com/pod-product-compliance
Lightning Source LLC
Chambersburg PA
CBHW060028050426
42448CB00012B/2897